트위터 비즈니스

소셜 네트워크 시대의 마케팅 전략
이제 당신의 비즈니스 전략을 바꿔라

트위터 비즈니스

신호철 지음

| 시작하며 |

　10여 년 전인 1999년, 필자는 인터넷 비즈니스에 처음 발을 들여놓으면서 척 마틴Chuck Martin의 『인터넷의 미래Net Future』*를 인터넷 비즈니스 기획의 바이블로 여겼다. 이 책에서 척 마틴은 인터넷의 미래를 만들어가는 트렌드를 예측하면서 '대화 마케팅Dialogue Marketing'과 '경험 공동체Experience Communities'를 이야기하였다.

　'대화 마케팅'은 고객들과 기업 간의 실시간적인 상호작용을 근거로 고객들에게 전달할 정보를 조정하는 마케팅 기법이다. 기업은 고객들과의 구체적인 대화를 위해 실시간 분류 기법인 '모델구축기법'과 '데이터마이닝Data Mining**기법'을 사용한다. '경험 공동체'는 많은 사람의 다양한

* 국내에서는 『e비즈니스.com』으로 번역되어 소개되었다
** 데이터마이닝은 고객들의 자료와 다른 여러 정보원들을 바탕으로 해석의 여지가 많은 실시간 검색을 실시하고 소비자의 행위를 예측할 수 있는 여러 가지 모델들로 자동으로 구축하는 기법을 말한다.

경험에 근거한 지식의 통합체로, 그것은 짧은 기간 존재할 수도 있고 오랫동안 지속될 수도 있으며, 규모가 클 수도 있고 반대로 작을 수도 있다.

척 마틴은 인터넷이 발달함에 따라 집단적인 사고가 가능해질 것이며, 그 결과로 필요에 따라 구성과 해체가 결정되는 실시간 인간 네트워크가 형성될 것이라고 전망했다. 그는 미래의 사고방식은 협소하거나 단선적인 것이 아니라 글로벌하고 실시간적인 것이라고 생각했다. 기업이 소비자들로부터 신뢰를 획득하고 이를 유지하기 위해서는 경험 공동체가 활성화되어야 한다고 보았다. 그리고 실시간으로 커뮤니케이션이 이루어질 수 있는 커뮤니티가 만들어질 것이며, 기업은 실시간 커뮤니케이션을 바탕으로 하는 커뮤니티에서 지식과 정보를 고객들과 공유할 것이라고 하였다.

또한 그는 미래에는 기업들이 인터넷을 통해 직원과 고객, 공급자, 수요자 등과 함께 커뮤니티를 형성하고 이를 회사의 네트워크와 연결할 것으로 전망했다. 기업은 이러한 네트워크를 활용하여 고객들과의 관계를 제품을 판매하고 구매하는 단순한 관계 이상으로 발전시킬 것이라고 말했다. 즉 고객들이 커뮤니티 안에서 제품을 구매할 뿐만 아니라 제품과 기업에 대한 다양한 의견들을 제시함으로써 기업이 미래에 어떤 제품을 개발하고 어떻게 사업을 발전시켜 나갈 것인가에 대해 도움을 줄 수 있다는 것이다.

필자는 초기 인터넷 시대인 그 당시에 '과연 이러한 마케팅이 가능하며 척 마틴이 생각하는 공동체가 만들어 질 수 있을까?'라는 의구심을 가졌었다. 그러나 단지 이상으로만 여겨왔던 '대화 마케팅'과 '경험 공동체'가 오늘날 필자의 눈앞에 펼쳐지고 있다. 그것이 바로 '트위터Twitter'다. '미래의 인터넷 비즈니스 법칙'이라고 이야기했던 것들이 이제 트위터 비즈니스의 법칙으로 다시 이야기되고 있다.

★ 척 마틴이 『인터넷의 미래』에서 제시하는 경험 공동체를 창조하는 10가지 규칙

1. 가치를 생산하는 핵심 커뮤니티를 양성한다.
2. 커뮤니티의 개성을 개발한다.
3. 커뮤니티의 존재 이유를 확실하게 밝힌다.
4. 구성원의 질문에 대답한다.
5. 새로운 회원을 계속 모집한다.
6. 구성원들 간에 신뢰할 수 있는 환경을 만든다.
7. 개인의 개성과 커뮤니티를 조화시킨다.
8. 유연성을 유지한다.
9. 커뮤니티의 교류방식을 선명하게 밝힌다.
10. 쉽게 주제를 찾을 수 있게 만든다.

필자는 당시의 예측과 10여 년간의 인터넷 비즈니스 현장에서의 경험 그리고 해외 트위터의 성공 사례와 시사점을 바탕으로 트위터의 비즈니스적 활용에 대해 이야기해 보고자 한다.

트위터에 참여하는 첫걸음은 트위터가 무엇인지를 알아가는 것이다. 그리고 트위터에 직접 참여하여 여러분의 회사나 직원들 그리고 여러분의 제품에 대해 트위터 사용자들이 어떤 대화를 나누고 있는지 귀 기울이며 그들의 대화에 참여해야 한다. 그리고 이보다 더 중요한 것은 트위터 활용을 위한 여러분의 노력과 자원을 어디에 투여하여야 하는지 깨닫는 것이다.

이 책을 통해 여러분들은 트위터가 무엇이며 트위터 마케팅 활용을 위해 여러분이 어떤 일을 하여야 하는지 알게 되었으면 한다.

2010년 11월
지은이 신호철

시작하며

PART 1 새로운 커뮤니케이션 채널 '트위터'

● 왜 트위터인가   15

트위터, 스마트폰으로 날개를 달다 | 트위터로 무엇을 할 수 있나 | 트위터 활용을 위한 기초 용어들

● 트위터의 현황   26

아이폰의 보급과 트위터의 폭발적인 성장 | 트위터의 역사 | 트위터의 수익 모델 | 1억 7,500만 명의 트위터 사용자와 300억 개의 트윗 | 일본 열도를 달구고 있는 트위터 열풍 | 스마트폰 보급과 함께 빠르게 성장하는 국내 트위터 | 국내 트위터 사용자의 성향 | 전 세계 소셜 네트워크 서비스 1위, 페이스북 | 트위터의 성장-아직은 질보다 양 | 우선 트위터 비즈니스 전략을 마련해야 한다

● 트위터의 특성   47

140자로 사용자들의 현재를 공유한다 | 트위터가 주목받는 이유

● 트위터 비즈니스에 주목하라   53

트위터 마케팅은 비용이 적게 든다 | 트위터에는 '스팸Spam'과 '노이즈Noise'가 적다 | 트위터는 사용자들이 직접 만드는 네트워크다 | 타임라인은 정보의 보물창고이다 | 트위터를 통해 고객과 기업이 신뢰 관계를 형성한다 | 트위터에서 고객은 기업의 '홍보 대사'다

- 트위터 마케팅, 어떻게 시작할 것인가　　　　　　　　　　59

  계정명을 확보한다 | 경쟁 업체를 점검해 본다 | 개인적으로 사용해 본다 | 트위터 운영 스타일을 선택한다 | 트위터의 실시간성을 반드시 고려한다 | 커뮤니케이션을 한다 | 트위터에서 검색해 본다 | 키맨을 발굴한다 | 고객을 응대해 본다 | 전 직원이 사용해 본다 | 팔로워를 늘려 본다 | 시스템과 툴Tool에 투자한다

PART 2　트위터의 비즈니스 활용 목적과 단계

- 트위터 비즈니스 활용 목적　　　　　　　　　　　　　79

  기업은 어떻게 트위터를 활용해야 하는가 | 기업 트위터 운영 목표 | 트위터의 비즈니스 활용 목적

- 트위터 비즈니스 활용 단계　　　　　　　　　　　　　88

  듣고 반응한다Listen & Respond | 트위터의 비즈니스 활용 단계

- 트위터 계정을 누가 운영할 것인가　　　　　　　　　　93

  트위터 비즈니스 전담팀을 어떻게 구성할 것인가 | 기업 트위터 계정 운영 시 주의할 점

- 트위터를 비즈니스에 활용 시 유의할 점　　　　　　　　97

  다른 미디어들과의 연동이 필요하다 | '홍보 수단'으로서만 사용해서는 안 된다 | 고객과 친구가 되어야 한다 | 변화하지 않으면 생존도 어렵다

PART3 트위터 비즈니스 활용의 성공과 실패

- 트위터 비즈니스 활용의 성공 사례   103

  소프트뱅크 손정의 사장 | 델아웃렛 | 빌리지 뱅가드 | 후지야카메라 | 부타구미 | 마이니치신문 | 더스킨 | EC스튜디오 | 사우스웨스트 항공

- 트위터 비즈니스 활용의 실패 사례   122

  UCC 커피 | 도미노피자

- 트위터 비즈니스 사례를 통해 배울 점   126

  전략 수립과 경청의 시간이 선행되어야 한다 | 기업 트위터 성패를 좌우하는 담당자의 자질 | 스타일을 확실히 정해야 한다 | 최근 미국의 트위터 마케팅 관련 조사 결과 | 트위터를 이용한 기업 내의 협업 가능

- 트위터 비즈니스의 과제   133

PART4 트위터 마케팅의 올바른 방향

- 트위터 마케팅을 성공으로 이끄는 요점들   139

  트위터 마케팅은 장기전이다 | 양보다 질이다 | 직접 경험해 보라 | 정직하고 명확하게 이야기하라 | 인기에 영합하지 마라 | 자화자찬하지 마라 | 성공적인 트위터 마케팅을 위한 제언

- 전자상거래의 새로운 패러다임 '소셜 커머스'　　　　　　149
  소셜 커머스란 무엇인가 | 소셜 커머스 '그루폰'의 성공 요인 | 국내 소셜 커머스의 현황과 전망

PART5　부록

- 트위터 비즈니스 활용 팁　　　　　　　　　　　　　　157
  사이트 소개 | 애플리케이션 소개

- 참고로 알아야 할 트위터 규칙들　　　　　　　　　　　169
  트위터에서 스팸 행위로 간주되는 경우 | 팔로우 수의 제한

- 트위터 기초 가이드　　　　　　　　　　　　　　　　171
  트위터는 무엇인가 | 트위터의 비즈니스적 효과 | 왜 트위터를 사용해야 하는가 | 계정 만들기 | 트위터에서 검색해 보기 | 트윗 발신하기 | 리플라이@ | 리트윗RT, Retweet | 다이렉트 메시지Direct message, 쪽지 | 단축 URL | 해시태그# | 팔로워 늘리기 | 트위터 에티켓 | 트위터에서 위험을 최소화하는 방법

- 트위터 비즈니스 가이드Twitter 101 요약　　　　　　　177
  트위터에서 관계 형성하기 | 트위터의 실시간성 이용하기 | 트위터의 가치 측정하기

- 국내 기업 트위터 100선　　　　　　　　　　　　　　179

마치며
찾아보기
참고문헌

PART1

새로운 커뮤니케이션 채널 '트위터'

왜 트위터인가

twitter
business

"지금 현재를 가장 잘 알려 주는 곳이 어디가 있을까요?"라는 질문을 던지면 많은 사람들이 "트위터Twitter"라고 대답할 것이다. 포털 사이트나 검색 사이트, 뉴스 사이트만을 중시하던 사람들이 이제는 트위터를 더 중시하고 있다. 트위터가 사람들에게 중요한 소셜 네트워크 서비스로 자리매김하고 있다는 반증이 된다.

트위터는 140자 이내의 트윗Tweet을 통해 많은 사람들과 커뮤니케이션이 가능한 유일한 서비스이다. 이전에도 인터넷을 통해 다른 사람들과 커뮤니케이션 할 수 있는 서비스들은 많았지만, 그런 서비스들은 주로 일대일 커뮤니케이션만이 가능했다. 하지만 트위터는 일대일뿐만 아니라 일대다, 다대다의 커뮤니케이션도 가능하다.

트위터는 복잡한 사용법도 없고 매우 단순하기 때문에 전문적인 지식을 요하는 것도 아니다. 또한 트위터 사용에 익숙해지는 데 그리 오랜 시간이 걸리지도 않는다. 트위터 계정만 만들면 누구나 쉽게 즐길 수 있다. 자신이 직접 트위터를 사용해 봄으로써 트위터 사용법을 쉽게 배울 수 있다.

트위터의 기본은 두 가지이다. '자신의 지금을 이야기트윗한다.' '누군가의 이야기트윗를 본다.' 이 두 가지를 반복하며 사용자들은 트위터를 즐길 수 있게 된다.

트위터는 느슨한 관계가 가능하기 때문에 기존 커뮤니케이션 방식에 불편을 느낀 사람들에게도 쉽게 사용을 권할 수 있다. 나의 이야기에 다른 사람의 대답을 기다릴 필요도 없고, 또 다른 사람의 이야기에 내가 꼭 대답할 필요도 없다. 이러한 느슨함 때문에 사람들은 트윗을 올리며 스트레스가 풀어지기도 하고 또 다른 사람들의 트윗을 읽으며 기분이 좋아지기도 한다.

힘들다, 외롭다, 슬프다, 기쁘다, 행복하다 등과 같은 일상생활에서의 감정들을 트윗하는 '인간성이 넘치는 트윗'과 사건 사고에 대한 트윗, 새로운 지식이나 정보를 전달하는 '가치 있는 트윗', 그리고 다른 사람들의 트윗에 '의견을 제시하는 트윗' 등 사용자에 따라서 트윗의 성격은 매우 다양하다. 이처럼 무엇이든 자유롭게 이야기하고 들을 수 있다는 것이 트위터가 가진 매력들 중에 하나일 것이다.

또한 우리에게 잘 알려진 가수나 배우, 기업인들, 정치인들도 트위터를 사용하고 있으며, 우리는 트위터를 통해서 시간과 장소에 구애받지 않고 그들과 커뮤니케이션을 할 수 있다. 정치인들 중에서는 트위터를 통해 일반 대중들에게 자신의 정치적 신념을 알리거나 대중들과 다방면에 대한 의견을 교환하면서 자신의 지지층을 확보하고자 한다. 이들은 트위터를 일반 대중들과의 '소통의 장'으로 적극 활용하고 있다.

"트위터의 트윗은 왜 140자인가?"라는 질문을 많이 받는다. 우선 이 질문에 답하기 위해서는 'SMS'에 대한 이야기를 먼저 할 수밖에 없다.

미국 통신사는 휴대 전화로 160자의 텍스트를 통해 메시지를 전달할 수 있는 서비스를 제공하고 있다. 이를 SMSShort Message Service, 단문 메시지 서비스라고 한다. 처음 트위터에 대한 아이디어를 고안할 때 이 160자에서 '사용자 명'과 '콜론:'에 필요한 20자를 뺀 나머지 140자를 트위터에 반영하기로 결정했다. 이 결정이 140자 제한이라는 트위터 메시지의 규칙을 탄생시켰고 이는 트위터의 운명을 결정하는 중요한 요소가 되었다.

입력 가능한 문자의 수를 140자로 제한하면서 트윗의 메시지는 간결하게 되었다. 이로써 사용자들은 그때그때의 상황이나 생각 등을 간편하게 올릴 수 있게 되었으며, 누구나 쉽게 트위터를 사용할 수 있게 되었다.

──── 트위터, 스마트폰으로 날개를 달다

(1) 개인용 컴퓨터와 스마트폰으로 어디서나 즐길 수 있다

기존의 커뮤니케이션 서비스들은 주로 개인용 컴퓨터를 통해서만 즐기는 것이 가능했으나, 트위터는 개인용 컴퓨터뿐만 아니라 스마트폰Smart Phone에서도 365일 24시간 어디서나 즐길 수 있다. 이로 인해 많은 사람들이 자신의 자투리 시간을 유용하게 활용할 수 있게 되었다. 스마트폰을 통한 트위터의 이용으로 현대인들은 자신의 시간을 좀 더 효율적으로 활용하는 것이 가능해졌다.

(2) 트위터를 통해 사진과 동영상을 실시간으로 트윗한다

스마트폰의 사진 촬영 기능과 동영상 촬영 기능을 활용하여 촬영한 사진과 동영상을 스마트폰에서 직접 편집하고 이를 트위터 연동 서비스와 애플리케이션을 이용해 바로 트윗할 수 있게 되었다. 이렇게 트윗된 사진과 동영상을 통해 트위터 사용자들은 더욱 생생한 정보를 접할 수 있게 되었다.

(3) 위치 정보를 연동하여 트윗할 수 있다

스마트폰의 'GPS Global Positioning System, 위성위치확인시스템' 기능을 이용해 위치 정보를 연동하여 트윗하는 것도 가능하고, 또 위치 정보를 연동하여 가까운 곳에 있는 사람들의 트윗을 보는 것도 가능하다. 위치 정보를 공유하게 되면서 맛집 추천, 명소 추천, 오프라인 즉석 모임 등의 활동이 가능하며, 특정 지역의 뉴스까지도 공유하는 것이 가능하다.

(4) 용도에 맞는 각종 애플리케이션의 사용이 가능하다

스마트폰이 유행함에 따라 다양한 애플리케이션 Application, '어플' 혹은 '앱'이라고도 한다들이 개발되고 있고, 특히 트위터 관련 애플리케이션들이 많이 개발되고 있다. 유료 애플리케이션뿐만 아니라 무료 애플리케이션까지 등장하면서 다양한 기능과 용도를 가진 애플리케이션들 중에서 용도에 맞는 것을 쉽게 내려받아 사용할 수 있다.

──── 트위터로 무엇을 할 수 있나?

트위터는 커뮤니케이션 수단이기 때문에 트위터로 할 수 있는 것은 매우 다양하다.

비즈니스적인 측면에서는 오프라인 점포의 내점 유도, 인터넷 쇼핑몰의 집객, 제품과 서비스의 소개 및 판매, 고객들의 자료 요청과 질문들에 대한 처리, 신규 영업망의 개척, 홈페이지로의 방문자 유도, 고객들과의 커뮤니케이션, 고객 지원 서비스, 개인과 기업의 '브랜딩'Branding, 잠재고객의 기억 속에 특정 브랜드를 각인시키는 것을 말한다, 타임 세일, 무료 이용권과 할인 쿠폰 배포, 이벤트 진행 등 트위터를 영업 수단이나 집객 수단, 홍보 수단 등으로 사용할 수 있다. 또한 유명인, 각 분야의 전문가, 컨설턴트 전문가나 전문 업체, 기업 등을 팔로우하면서 그들이 제공하는 정보를 수집하고 활용하며 그들에게 질문하고 답을 구하는 것도 가능하다.

개인적인 측면에서는 정보 수집과 교류의 수단으로 트위터를 사용하는 것이 가능하다. 트위터의 친구들과 일상생활에서의 일들에 대해 이야기하거나 또는 어떤 분야의 기본적인 정보나 지식에서부터 전문적인 것에 이르기까지 여러 사람들과의 공유가 가능하다. 또한 특정 사안에 대해서 의견을 나누고 토론하는 것도 가능하다. 신문이나 각종 언론매체들이 전하는 이슈화된 기사들을 트위터를 통해 공개하고 그것에 대해 다른 트위터 사용자들과 의견을 교환하는 것이 바로 그것이다.

　이처럼 트위터는 비즈니스적으로도 그리고 개인적으로도 활용 범위가 다양하며, 이것은 우리가 트위터를 주목해야 하는 이유 중 하나로 볼 수 있다.

트위터 활용을 위한 기초 용어들

● **트윗**Tweet

트윗의 사전적인 의미는 작은 새가 '짹짹거리다' 또는 '재잘거리다'로, 트위터에서 사용자들이 발신하는 140자 이내의 메시지를 트윗이라고 한다. 트윗의 내용은 문자나 사진, 동영상, 음성 및 음악, 연락처, 위치 정보, 링크 등이다.

● **타임라인**Timeline

트위터의 홈페이지에서 내가 팔로우하고 있는 사람들이 발신하는 트윗들이 연달아 올라오는 공간이 있는데, 이곳을 '타임라인'이라고 한다.

타임라인은 가장 최근에 수신된 트윗이 최상단에 뜨는 형태로 만들어져 있기 때문에 트위터 사용자는 가장 최신의 트윗을 가장 먼저 접할 수 있다. 타임라인은 자신이 '팔로우'하고 '언팔로우'하면서 조합이 만들어지고 이로써 자신만의 타임라인을 만들 수 있다. 그렇기 때문에 트위터 상에서 동일한 타임라인은 존재하지 않는다. 그리고 타임라인은 최신의 트윗이 존재하기 때문에 항상 현재를 공유할 수 있는 공간이 된다.

퍼블릭 타임라인Public Timeline은 전 세계 트위터 사용자들이 발신한 트윗이 실시간으로 올라오는 공간으로 '전 세계인이 사용하는 거대한 게시판'이라고 할 수 있다.

● **팔로우Follow와 언팔로우Unfollow, 그리고 '리팔로우Refollow'**

트위터에서 다른 사람의 트윗을 구독하기 위하여 구독을 신청하는 것 즉 트윗에 대한 구독의 의사 표시를 '팔로우'라고 한다. 여기서 팔로우하는 대상은 사람이 아니라 그 사람의 트윗이다. 트위터에서는 내가 팔로우하면 상대방의 허락이 없어도 그 사람의 트윗을 읽을 수 있고 팔로우할 수 있다. 이와 반대로 어떤 사람의 트윗을 구독 정지하는 것을 '언팔로우'라고 한다. '리팔로우'는 다른 사람이 먼저 나를 팔로우했을 때 내가 그 사람을 팔로우하는 것을 말한다. 국내에서는 소위 '맞팔'이라는 표현을 사용한다. 리팔로우를 하게 되면 서로 상대방의 트윗을 구독할 수 있고 'DM'을 통해 사적인 비공개 메시지도 주고받을 수 있다. 여기서 중요한 것은 그 사람이 발신하는 트윗에 대해 관심을 갖고 구독하느냐 또는 구독하지 않느냐가 트위터 관계 형성의 핵심이라는 것이다. 물론 우리는 이를 바탕으로 트위터 내에서 더 넓은 인간관계를 맺는 것이 가능하다.

● **팔로잉Following과 팔로워Follower**

팔로잉은 내가 그 사람의 트윗을 구독하기 위해 팔로우한 사람들을 말한다. 반대로 팔로워는 나의 트윗을 구독하기 위해 나를 팔로우한 사람들을 말한다.

● **멘션Mention과 리플라이Reply**

멘션은 '@상대방의 계정+메시지'의 형태로 상대방에게 직접 메시지를 보내는 것을 말한다. 리플라이는 상대방의 트윗에 대해 나의 의견을 보내는 것을 말한다.

형태는 멘션과 같지만 상대방 트윗에 대한 나의 댓글과 동일하다. 주의할 것은 멘션과 리플라이는 비공개 메시지가 아니기 때문에 누구나 다 볼 수 있다는 점이다.

● **DM**Direct Message, 쪽지

트위터의 멘션과 리플라이는 공개된 메시지이기 때문에 비공개로 메시지를 전달하기 위해서는 'DM'을 이용하여야 한다. DM은 상대방이 나를 팔로우하고 있어야만 내가 그에게 발송할 수 있다. 물론 상대방이 나에게 다시 DM을 발송할 수 있게 하려면 나도 그 사람을 팔로우하고 있어야 한다. 따라서 리팔로우 관계일 때는 서로가 자유롭게 DM을 발송할 수 있다.

● **리트윗**Retweet

리트윗은 어떤 사람의 트윗을 나의 다른 팔로워들에게 재전송하여 전달하는 것을 말한다. 리트윗은 어떤 사람의 트윗을 단순히 재전송하는 기능 외에 그 트윗 앞에 나의 의견을 첨부하여 재전송하는 기능도 가지고 있다. 리트윗을 통해 자신의 팔로워들에게 연쇄적으로 트윗을 재전송할 수 있다. 리트윗이 중요한 이유는 나의 트윗이 국내는 물론 해외의 수십, 수백만 명에게 단기간 내에 전달될 수 있는 전파력을 지니고 있기 때문이다.

● 리스트 List

트위터를 사용하다 보면 팔로우하는 사람들이 증가하게 되고 이 때문에 타임라인이 수많은 사람들의 트윗으로 넘쳐나게 된다. 수많은 사람들의 트윗들 중에서 내가 관심을 갖고 있는 사람들이나 친구, 동료들의 트윗을 따로 관리하여 볼 수 있는데, 이것이 바로 리스트이다. 리스트는 팔로우한 사람뿐만 아니라 팔로우하지 않은 사람도 리스트에 담을 수 있다. 팔로우하는 사람이 늘어날 경우 이 리스트 기능을 잘 활용한다면 좀 더 유용하게 트위터를 사용할 수 있게 된다. 예를 들어 친구Friend, 유명인Famous, 뉴스News, 업무 관련Business, 관심사Private 등으로 리스트를 만들어 활용해 볼 수 있다. 또한 리스트는 공개 리스트와 비공개 리스트로 나누어 관리할 수 있다. 팔로워들에 관한 정보는 다른 사람에게 공개되지만 리스트한 사람의 정보는 비공개가 가능하다.

● 해시태그 Hashtag

해시태그는 어떤 특정한 주제와 관련된 트윗을 분류하기 위해 '#'가 붙은 단어를 트윗 안에 붙이는 것을 말한다. 만약에 트위터 사용자들이 '트윗캠프'에 관련된 이야기를 모아서 보고 싶다면 '#TwitCamp'라는 해시태그를 사용하기로 약속하고, 트윗캠프와 관련된 글에는 이 해시태그를 포함시켜 트윗한다. 나중에 해시태그를 클릭하면 트윗캠프에 관련된 트윗들만 찾아볼 수 있다. 보통 특정한 화제나 주제 그리고 이벤트, 캠페인 등에 해시태그가 이용되는 경우가 많다.

● **아이콘**Icon

트위터의 '비주얼 ID Visual ID'로 사용되는 사진이나 아이콘을 말한다. 이것은 사용자의 트위터 프로필 페이지와 트윗에 표시된다. 트위터의 아이콘은 해당 사용자를 업무상으로나 개인적으로 잘 표현할 수 있는 사진으로 정하는 것이 좋다. 단 셀프 촬영한 사진은 가급적 피하는 것이 좋다.

● **트위터러**Twitterer**와 트위플**Tweeple

트위터 사용자에 대한 일반적인 호칭으로 국내 언론을 비롯해 많은 곳들이 '트위터리안Twitterian'이라는 용어를 자주 사용하고 있지만, 이 용어는 주로 국내에서만 사용된다. 일반적으로 해외에서는 '트위터러트위터 가입 시 트위터사로부터 발신되는 환영 메일에 사용되는 표현'와 '트위플트위터를 하는 친구들 이라는 표현'을 주로 사용한다.

● **봇**Bot

봇은 '로봇프로그램'에 의해 운영되는 계정을 말한다. 봇은 로봇의 줄임말이지만 쉽게 말하면 컴퓨터 프로그램에 의해 자동으로 여러 가지 정보를 트윗하는 트위터 로봇이다. 최근 봇은 자동으로 트윗하는 기능 외에 누군가에게 직접 글을 쓰거나 특정한 키워드에 대해 반응하기도 한다. 이러한 봇들은 최근 트위터 사용자들에게 재미와 위안을 주고 있다.

트위터의 현황

──── 아이폰의 보급과 트위터의 폭발적인 성장

국내의 SNSSocial Network Service, 소셜 네트워크 서비스*의 기원은 1999년 서비스를 시작한 아이러브스쿨I♡SCHOOL과 2000년 선보인 다모임Damoim으로 거슬러 올라간다. 이후 2003년부터 싸이월드CYWORLD가 서비스를 시작함으로써 본격적인 소셜 네트워크 서비스가 우리 앞에 등장하게 되었고, 이후 미투데이me2DAY, 플레이토크Playtalk, 링크나우Linknow, 피플투People2, 토씨Tossi, 요즘YOZM 등 많은 토종 소셜 네트워크 서비스들이 등장해 트위터와 경쟁하고 있다.

2009년 말 아이폰국내에서는 11월 28일 KT를 통해 '아이폰 3GS'가 공식 발매됨이 국

* SNS으로 알려진 소셜 네트워크 서비스는 온라인상에서 불특정 다수와 관계를 맺을 수 있는 서비스이다. 사용자는 이를 통해 새로운 인맥을 형성하거나 기존 인맥 관계를 강화시킬 수 있다.

내에 첫선을 보였다. 이것을 계기로 국내 스마트폰 시장이 활성화되었고 트위터 또한 대중적으로 널리 확산되었다.

트위터는 초창기에 국내 IT 관계자나 '얼리어답터Early Adopter'들에 의해 가끔씩 소개가 되었을 뿐 사용자층이 그리 넓지 않았다. 인스턴트 메신저, 미니홈피, 블로그Blog 등 다른 인터넷 서비스에 밀려 사용자들의 관심을 받지 못했다.

트위터가 애플Apple의 아이폰과 결합하게 되면서 우리는 시간과 장소의 제약에서 벗어나 트위터를 자유롭게 사용할 수 있게 되었다. 이로써 트위터는 사용자들 간의 실시간적인 정보 전달을 가능하게 만들었고, 국내외를 막론하고 언제 어디서나 사용이 가능하게 되었다.

아이폰의 본격적인 보급과 맞물려 국내 기업들도 스마트폰 시장에 뛰어들게 되면서 스마트폰은 이제 단순한 휴대 전화가 아니라 대중적인 IT 기기로 자리매김하게 되었다. 그 변화의 중심에 서 있는 트위터는 이제 우리에게 아주 익숙한 이름이 되었고, 거의 매일 TV와 라디오, 신문, 잡지 등의 언론매체에서 이슈로 다루어지고 있다.

──── 트위터의 역사

2000년 5월 트위터의 공동 창업자인 잭 도시Jack Dorsey의 아이디어로 시작된 트위터는 2006년 7월에 미국에서 처음 서비스를 시작한 이래로 끊임없는 발전을 거듭하고 있다. 트위터는 미국 샌프란시스코 지역의 벤처 기업인 '오데오사Odeo, Inc.'의 에반 윌리엄스Evan Williams와 노아 글래스Noah Glass가 고안한 연구 개발 프로젝트에서 출발하였다. 트위터의 창업주는 잭 도시Jack Dorsey, 비즈 스톤Biz Stone, 에반 윌리엄스CEO, 노아 글래스로 트위터는 '루비 온 레일스Ruby on Rails'*를 사용하여 개발되었다. 2006년 3월에 서비스를 시작하였고 공식 오픈은 2006년 7월 13일에 이루어졌다.

2007년 4월에 오데오사에서 분리되어 '트위터사Twitter, Inc.'라는 이름으로 자체 회사를 갖게 되었다. 2007년 '사우스 바이 사우스웨스트 페스티발 웹 어워드South by Southwest Festival's Web Award'에서 블로그 부문을 수상하였다. 공동 창업자 잭 도시는 수상 소감으로 "140자 미만의 수상 소감을 말씀드립니다. 우리는 해냈습니다!"라고 하였다위키피디아 '트위터의 역사' 인용.

트위터는 트위터 홈페이지를 이용해 사용자를 늘려 나가는 것 외에도 '오픈 APIOpen Application Programming Interface'**로 자신들의 기술을 외부에 공개해 '서드 파티Third Party'***의 형식으로 각종 트위터 관련 애플리케이션이나 서비스를 개발할 수 있게 만들었고 이를 통해 유저들을 끌어 모으고 있다.

* 오픈 소스 웹 응용 체계인 '레일스'는 웹 응용 체계 개발을 위해 '루비(Ruby)'라는 언어를 사용하며 MVC(Model View Control) 아키텍처로 구성되어 있다.
** 오픈 API란 누구나 접근하여 사용할 수 있도록 공개된 API를 말한다. API는 응용 프로그램에서 사용할 수 있도록 운영 체제나 프로그래밍 언어가 제공하는 기능을 제어할 수 있게 만든 '애플리케이션 개발 환경'을 뜻한다.
*** 공식적으로 하드웨어나 소프트웨어를 개발하는 업체 외에 중소규모의 개발자들이 주어진 규격에 맞추어 제품을 생산하는 경우를 말한다. 생산자와 사용자 간의 중개역할도 하고 있다.

최근 트위터의 설립자이자 CEO인 에반 윌리엄스가 CEO 자리에서 물러나고 '최고운영책임자Chief Operating Officer, COO'를 맡아왔던 딕 코스톨로Dick Costolo가 CEO로 선임되었다. 딕 코스톨로는 구글의 RSSRich Site Summary* 리더 서비스인 '피드버너Feedburner'의 창립자이며, 이후 구글 프로덕트 전략 매니저로 일했다. 2009년 트위터사로 이직 후 광고 부문을 담당해 왔다.

에반 윌리엄스는 자신의 블로그를 통해 "코스톨로에게 CEO를 부탁했으며, 그는 트위터의 매출 향상을 위해 그 능력을 충분히 발휘할 수 있을 것"이라고 밝혔다. 트위터사의 이번 CEO 선임은 본격적인 트위터 비즈니스 모델을 만들 것이라는 의지 표현으로 해석된다. 최근 트위터사는 트위터의 첫 화면을 개편하고, 동영상 서비스 등 자체 플랫폼의 힘을 더 키우면서 광고 집행 등을 통해 그 영역을 확장하고 있다.

─── 트위터의 수익 모델

트위터의 수익 모델에 대해 궁금해 하는 사람들이 많다. 작년부터 트위터는 구글, 마이크로소프트 등과 검색 제휴를 맺으면서 이들 회사에 트윗을 중계하고 이에 대한 중계 수익을 거두었다.

2010년에 들어와서 트위터사는 광고 서비스인 '광고Promoted 시리즈'를 발표하였고 이는 트위터의 새로운 수익 모델로 각광받고 있다.

* 포털 사이트나 블로그와 같이 콘텐츠 업데이트가 자주 일어나는 웹 사이트에서, 업데이트 된 정보를 자동적으로 쉽게 사용자들에게 제공하기 위한 서비스이다.

'광고 트윗Promoted Tweets'은 그 첫 번째 모델로 '트위터 닷컴Twitter.com'의 일부 검색 페이지 상단에 광고주의 광고 트윗을 표시하는 서비스이다. 트위터사는 "광고 트윗은 기업이 다양한 사용자들에게 강조하고 싶은 것을 알리는 일반적인 트윗"이라고 이야기하고 있다.

광고 트윗은 광고라는 레이블Label, 항목, 레코드, 메시지, 파일 등을 나타내거나 식별하기 위해 사용되는 부호이 붙는 것일 뿐 일반 트윗처럼 리플라이나 리트윗이 가능하다.

대표적인 광고주로는 베스트바이Bestbuy, 레드불Redbull, 소니픽처스Sony Pictures, 스타벅스Starbucks 등이 있다.

뒤이어 선보인 광고 서비스는 '광고 트렌드Promoted Trend'이다. 광고 트렌드는 트위터 닷컴 화면 오른쪽에 있는 '트렌드 섹션Trend Section'에 광고주가 광고하고자 하는 키워드를 표시하는 것이다. 원래 트렌드에는 트위터에서 인기 있는 키워드가 표시되고 키워드를 클릭하면 해당 키워드의 검색 결과가 표시된다. 올해 8월에 개봉한 3D 애니메이션 영화인 '토이스토리 3Toy Story 3'가 광고 트렌드를 통해 광고 효과를 보았다.

비교적 최근에 선보인 것이 '광고 계정Promoted Accounts'이다. 최근 트위터 사용자가 관심을 가질 만한 계정을 추천하는 'Who to follow'를 새롭게 시작하고 있는데 이곳에 광고주의 계정을 추천 사용자로 표시하는 것이다. 예를 들어 게임에 관심이 있어서 게임 관련 계정을 팔로우하는 사용자에게 '@xbox'를 추천하는 것이 그것이다. 이때 광고주의 계정에는 광고라는 레이블이 붙는다. 이처럼 트위터사는 트위터의 수익 모델을 지속적으로 개발하고 있다.

─────── 1억 7,500만 명의 트위터 사용자와 300억 개의 트윗

트위터 사용자 수는 계속 폭발적인 성장세를 보이고 있으며, 2010년 10월에 트위터 사용자의 수가 전 세계적으로 1억 7,500만 명을 돌파했다. 지금 이 순간에도 초당 1,000여 개의 트윗이 전 세계 트위터 사용자들에 의해 쓰이고 있고, 하루에 약 9,000만 개의 트윗이 사용자들의 타임라인에 작성되고 있다. 말 그대로 밤낮을 가리지 않고 전 세계인이 트위터에 몰두해 있다고 해도 과언이 아니다.

2010년 10월 초까지 270억여 개의 트윗이 전 세계 트위터 사용자들의 타임라인에 올라왔고, 2010년 11월에는 누적된 트윗의 수가 300억 개를 넘어설 것으로 전망된다. 실제로 2009년 11월에 누적 트윗의 수가 50억 개를 돌파했고 2010년 3월 5일에는 100억 개, 2010년 8월 1일에는 200억 개를 연이어 돌파했다.

2010년 10월 현재 트위터는 전 세계적으로 1억 7,500만 명의 사용자를 보유하고 있으며, 지금도 하루에 약 37만 명씩 사용자 수가 늘어나고 있다. 한 달 평균 1,000만여 명이 새로운 사용자로 트위터에 가입하고 있어 이러한 추세라면 올해 말에는 2억 명을 돌파할 것으로 예상해 볼 수 있다.

트위터사의 내부 자료에 의하면 트위터는 2013년까지 전 세계적으로

10억 명의 사용자를 유치할 예정이라고 한다. 이런 측면에서 보면 트위터의 현재 모습은 아직 초기 단계에 불과하며 앞으로도 끊임없이 변화를 거듭하면서 계속 진화해 나갈 것으로 전망된다. 이에 발맞춰 2010년 10월 현재 트위터는 새로운 '사용자 인터페이스User Interface, UI'를 선보이면서 사용자 수를 더욱 늘려 나가고 있다.

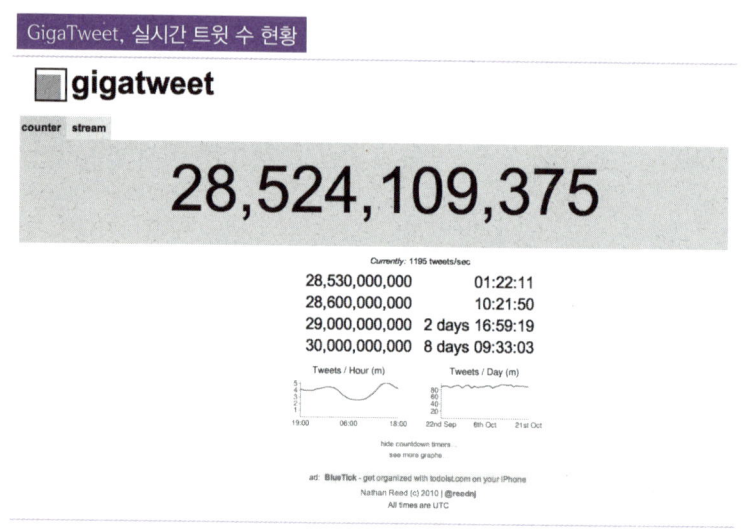

GigaTweet, 실시간 트윗 수 현황

최근의 폭발적인 성장세는 특히 아시아권, 그중에서도 일본과 한국, 인도네시아 등이 주도하고 있다. 일본은 현재 1,200만 명이 트위터 사용자를 보유하고 있고 한국은 200만 명의 사용자를 보유하고 있는데 이는 전년과 비교해 약 19배가 증가한 놀라운 수치이다.

2010년 10월 현재 전 세계 언어별 트윗 비율을 살펴보면출처: Clientopedia, http://clientopedia.com/languages.php/ 1위 영어32.61%, 2위 일본어19.84%, 3위 포르투갈어12.37%, 4위 스페인어6.78%, 5위 인도네시아어5.50%, 6위 한글2.63%,

7위 이탈리아어 2.09%, 8위 네덜란드어 1.88%, 9위 독일어 1.88%, 10위 프랑스어 1.28% 순으로 나타났다. 이 자료에서 유추해 볼 때 국내 트위터 사용자들이 다른 나라의 사용자들에 못지않게 트위터를 활발하게 사용하고 있음을 알 수 있다.

일본 열도를 달구고 있는 트위터 열풍

일본의 경우 2006년 11월 어느 블로거의 블로그를 통해 트위터가 처음 소개되었지만, 그 뒤 한참 동안 트위터는 일본인들에게 널리 알려지지 않았다.

2007년에 접어들면서 인터넷에 능숙하고 IT 분야에 관심 많은 파워 사용자들 사이에서 트위터가 점차 널리 사용되기 시작했다. 2007년 4월경 일본의 IT 저널리스트 '하야시 노부유키林信行, 『아이폰 쇼크』『아이폰과 트위터는 왜 성공했을까?』『아이패드 쇼크』 등 트위터 관련 도서들을 집필'의 특집 기사에 의해 많은 사람들이 트위터에 점차 관심을 갖게 되었다. 2008년 1월에는 '트위터 재팬'*이 설립되었고, 2008년 4월 23일에 트위터 일본어 버전이 처음 서비스를 시작했다.** 2009년 10월 15일에 일본어 버전 모바일 트위터미국의 트위터사와 일본의 디지털개러지가 공동으로 개발가 서비스되면서 모바일 인터넷이 상대적으로 발달한 일본에서 트위터가 크게 확산되기 시작했

* 2008년 1월 17일 일본의 IT 기업 '디지털개러지(Digital Garage)'가 미국의 트위터 본사와 자본, 업무 제휴를 통해 트위터 재팬을 설립하였다.
** 트위터 일본어 버전에는 트위터 재팬의 독자적인 광고 배너가 있었고 일본 기업인 '도요타'와 '엔 재팬'이 최초의 광고주가 되었다.

다. 현재 일본의 트위터 사용률과 트위터 사용자의 증가율은 이미 미국을 압도하고 있는데, 이는 말 그대로 트위터가 일본 열도를 달구고 있음을 나타낸다.

일본은 하토야마 유키오鳩山由紀夫 전 수상, 하라구치 카즈히로原口一博 총무대신을 비롯한 여러 정치인들과 '소프트뱅크SoftBank Corporation'의 손정의孫正義 사장손정의 사장은 트위터를 "놀랄만하고 귀중한 인류의 재산"이라고 극찬하고 있다, '라이브도어Livedoor'의 호리에 타카후미堀江貴文 전 사장, '라쿠텐楽天'의 미키타니 히로시三木谷浩史 회장, '사이버에이전트Cyber Agent' 후지타 스스무藤田晋 사장 등과 같은 기업인들, 그리고 경제 평론가 카츠마 카즈요勝間和代, 가수 히로세 코미広瀬香美 등과 같은 유명인들이 이미 트위터를 널리 사용하고 있다. 특히 손정의 사장과 호리에 전 사장, 히로시 회장 등은 일본 내에서 'CEO 트위터 붐'을 일으키고 있다.

한자어를 주로 사용하는 일본어의 특성상 제한된 140자로도 충분한 내용을 담을 수 있다. 때문에 일본 사회 내에서 트위터 사용자 수가 매달 폭발적으로 늘어날 수 있었으며 이로써 트위터가 사회 각계각층으로 급속도로 퍼져 나갈 수 있었다.

트위터의 폭발적인 성장세에 발맞춰 일본 전역의 3,500여 개의 기업들이 고객들을 대상으로 트위터 마케팅을 활발히 전개해 나가고 있다. 42만 명의 팔로워를 자랑하는 마이니치신문을 필두로 아사히신문, 모스버거Mos Burger, 유니클로Uniqlo, 무인양품無印良品,·도큐핸즈Tokyu Hands, 델 컴퓨터, 후지야카메라Fujiyacamera, 소프트뱅크, NHKNippon Hoso Kyokai, 일본방송협회, 도쿄 FM_{Tokyo FM} 등의 다양한 대기업뿐만 아니라 중소기업과 개인 사업자들까지도 트위터를 비즈니스적으로 활용하고 있다.

일본의 스마트폰 시장은 전통적으로 일본 내 기업인 후지츠Fujitsu, 샤프Sharp, 파나소닉Panasonic, NEC가 시장을 지배하였다. 하지만 현재는 미국 애플사의 아이폰이 독보적인 위치를 점하고 있다.

2008년 7월 소프트뱅크가 일본 최초로 '아이폰 3G'를 독점적으로 출시하였으나 일본 시장의 반응은 냉담했다. '에모지絵文字, 일본 이동 통신사의 그림문자 서비스'나 '원 세그One Seg, 우리나라의 DMB 즉 지상파 디지털 멀티미디어 방송 서비스와 같은 서비스' 등을 지원하지 않았고 게다가 가격까지 상대적으로 높아서 소비자들에게 인기를 끌지 못했다.

그러나 2009년 6월 출시된 아이폰 3GS는 일본 스마트폰 시장 1위 자리를 점령하였고 아이폰 4가 출시된 현재까지 1위 자리를 지키고 있다. 다양한 요금제와 약정 제도, 통화 품질 개선 등 소프트뱅크의 노력이 더해지자 아이폰은 일본의 소비자들에게 인기를 얻게 되었다. 아이폰 4의 경우 미국 시장과 동시에 출시될 만큼 일본에서의 인기가 대단하다.

아이폰이 일본에서 인기를 얻고 있는 원인으로 '와이파이Wi-Fi'를 이용한 애플리케이션의 확장성과 사용하기 편한 사용자 인터페이스, 애플 제품에 대한 두터운 마니아층 등이 거론되고 있다. 와이파이는 전파를 이용하는 근거리 무선 통신망을 지칭하는 것으로, 보통 '무선 랜LAN'이라고 한다. 무선 랜을 하이파이 오디오처럼 편리하게 쓸 수 있다는 뜻에서 지금과 같은 별칭으로 쓰이게 되었다.

─── 스마트폰 보급과 함께 빠르게 성장하는 국내 트위터

2010년 11월 현재 49만 명의 달하는 팔로워를 보유한 소설가 이외수 씨가 국내에서 가장 많은 수의 팔로워를 보유하고 있다. 팔로워 수 5만 명 이상의 트위터 사용자도 110명을 넘어섰으며, 1만 명 이상의 팔로워를 보유한 트위터 사용자도 1,100여 명에 달한다.

한국 트위터 디렉터리, '코리안트위터스닷컴'

2010년 11월 현재 국내 트위터 사용자는 200여만 명오코이랩 추산 자료*으로 추산된다.

일반인들뿐만 아니라 다수의 유명 연예인들이나 정치인들, 기업인들도 트위터의 타임라인을 통해 자신이 가지고 있는 정보나 지식, 사회적 이슈에 대한 생각 등을 적극적으로 피력하면서 트위터 사용자들과의 실시간

> 오코이랩(OikoLab)은 각종 데이터 서비스를 기획하고 제공하는 연구소로, 대규모 데이터에 대한 수집과 분석 서비스를 제공하고 있다.

커뮤니케이션에 주력하고 있다. 연예인의 경우 트위터를 통해 각종 공연이나 촬영 일정을 공개하거나 사진이나 동영상을 곁들인 일상에 관한 트윗을 실시간으로 올리기도 한다. 이를 통해 근황을 알리면서 자신의 인간적인 면모를 일반 대중에게 자연스럽게 부각시키고자 한다. 그동안 대체로 비공개의 영역에 속했던 그들의 일상을 스스로 공개함으로써 대중들과의 거리를 줄일 수 있을 뿐만 아니라 홍보 효과도 노려볼 수 있다.

또한 트위터 사용자들로부터 관심을 불러일으키거나 인기를 얻은 트윗의 경우 언론매체에 보도됨으로써 사회적으로 이슈화되기도 한다. 이것은 트위터가 이미지 마케팅 전략의 수단으로 활용될 수 있음을 나타낸다.

현재를 공유한다는 특성을 활용하여 타임라인을 이용한 스포츠 중계가 이루어지기도 한다. 2010년 2월에 열렸던 토론토 동계 올림픽과 6월에 열렸던 남아공 월드컵 기간 중에 많은 사람들이 트위터를 통해 경기 실황을 실시간으로 중계했다. 이를 통해 해당 스포츠 경기를 관전할 수 없는 사람들도 생생한 소식을 접할 수 있었고, 이로써 트위터 사용자가 증가하게 되는 결과를 낳기도 했다.

2010년 남아공 월드컵 일본과 덴마크의 예선전 경기에서 일본이 16강 진출을 확정했을 당시 초당 3,283개의 트윗이 타임라인에 올라오는 진기록이 수립됐다. 우리나라에서는 김연아 선수가 토론토 동계 올림픽 금메달을 획득했을 때와 남아공 월드컵에서 대한민국이 16강 진출을 일궈냈을 때 이와 관련된 국내 사용자들의 수많은 트윗이 타임라인을 도배했었다.

2010년 6월 2일에 치러진 지방 선거에서 투표를 독려하는 트윗을 사용자들이 타임라인에 계속 올리거나 또는 리트윗했었다. 심지어는 투표에 참여했음을 증명하는 사진을 찍어서 트위터에 올리기도 했다. 이러한 행동들은 지방 선거의 중요성을 알림과 동시에 투표율을 높이는 데 이바지했으며, 결과적으로 선거 판세에도 영향을 끼쳤다. 이처럼 트위터는 '시민 권력의 총아'라고도 할 수 있다.*

이런 추세에 발맞춰 트위터 한국어 버전이 곧 서비스될 예정이다. 또한 현재 아이폰 4, 갤럭시 S와 같은 스마트폰이 급격히 보급되고 있기 때문에 2010년 말이면 우리나라도 트위터 사용자 200만 명 시대에 도달하고, 2011년 말이면 500만 명, 2012년에는 트위터 사용자 수가 1,000만 명에 이를 것으로 예상된다. 스마트폰의 보급으로 트위터가 우리 사회의 중요한 소통의 수단으로 자리 잡을 것이다.

──── 국내 트위터 사용자의 성향

현재 국내 트위터 사용자들의 성향은 대체로 자신을 드러내는 것을 즐기는 '소통 지향형'으로 볼 수 있다. 트위터를 통해 어떤 사건이나 이슈들에 대한 자신의 생각이나 의견을 적극적으로 피력하고 이를 다른 트위터 사용자들과 공유하면서 공감대를 형성하는 것이다. 즉 네트워크로 연결된 수많은 사람들이 트위터를 공개 토론장으로 활용하고 있는 것이다.

* 트위터의 정치적 활용 사례 : 2008년 미국 대선 과정 중 오바마(Barack Obama) 진영은 트위터를 적극 활용했으며, 2009년 6월 이란 대선, 2009년 10월 루마니아 대선, 2010년 5월 영국 총선, 2010년 8월 호주 총선 등에서도 트위터가 큰 영향력을 발휘했다.

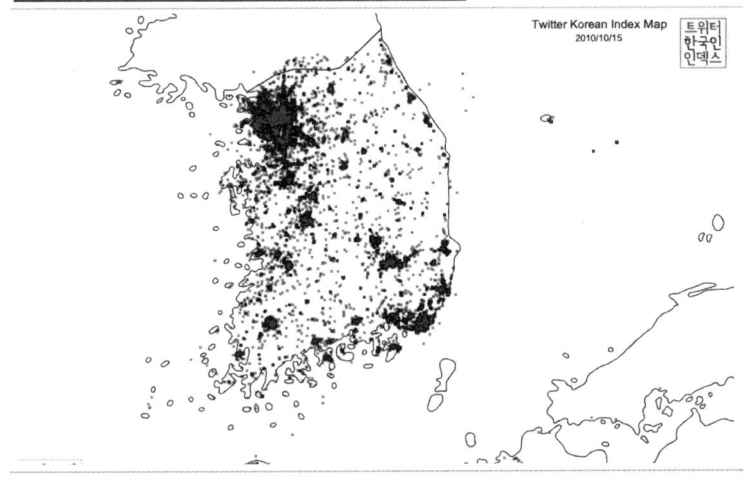

국내 트위터 사용자 지역 분포도. '오이코랩' 제공

또 다른 성향으로 해외 기업들이 제공하는 서비스를 직접 이용하고 그들의 신제품들에 대해 민감하게 반응하는 '얼리어답터형'을 들 수 있다. 아이폰의 '앱스토어App Store'*를 통해 국내뿐만 아니라 외국의 '앱App, Application의 준말'을 내려받아 사용하고 신제품이 출시될 때마다 트위터를 통해 출시 정보를 교환한다. 또한 앱을 사용하면서 느낀 점들을 후기 형태로 트위터를 통해 다른 사용자들과 공유하기도 한다.

현재 트위터에서 주로 활동하는 사용자층을 살펴보면 30~40대 직장인이 주를 이루고 있다. 기존의 다른 인터넷 서비스들이 10~20대의 연령층이 주류를 이룬다는 점과 대비된다. 이는 30~40대 직장인들이 사내의

* 앱스토어는 스마트폰에서 사용할 수 있는 다양한 애플리케이션을 판매하는 일종의 온라인 모바일 콘텐츠 시장이다. 대기업뿐만 아니라 일반인들도 애플리케이션을 개발하고 이를 앱스토어를 통해 판매할 수 있다.

개인용 컴퓨터를 통해서 뿐만 아니라 이동 중에도 외부에서 스마트폰을 이용해 트위터를 사용하기 때문이다. 이들이 트위터를 통해 공유할 수 있는 정보와 사회 경험이 풍부하다는 것도 주목할 점이며, 트위터 비즈니스 전략을 마련할 경우 이러한 점들을 충분히 고려해야 한다.

마지막으로 국내 트위터 사용자들은 트위터뿐만 아니라 페이스북Facebook, 스마트폰 메신저 서비스Whats App, M&Talk, 카카오톡 등을 통해 수많은 사람들과 소셜 네트워크를 형성하고 있다. 이들은 커넥터Connector, 즉 인터넷에서 유용한 정보를 발견할 때마다 자신의 사이트에 '퍼 나르기'를 하거나 연결Link시킴으로써 다른 사용자들에게도 정보를 전달하는 매개자의 역할을 하고 있다.

소셜 미디어Social media는 사람들이 자신의 생각과 의견, 경험, 관점 등을 서로 공유하고 참여하기 위해 사용하는 개방화된 '온라인 툴'과 '미디어 플랫폼' 등을 가리킨다. 이 용어는 가이드와이어 그룹Guidewire Group의 창업자인 크리스 쉬플리Chris Shipley가 처음으로 사용하였다.

소셜 미디어Social Media는 그 자체가 일종의 유기체처럼 성장하기 때문에 생산과 소비의 일반적인 메커니즘이 작동하지 않는다. 소셜 미디어는 사용자들이 쌍방향으로 참여하고 정보를 공유하면서 스스로 만들어 나가는 것이다. 소셜 미디어는 접근이 매우 용이하고 확장 가능한 출판 기법을 사용하여 사회적 상호 작용을 통해 배포될 수 있도록 설계되어 있다. 웹 기반의 기술을 이용하는 소셜 미디어는 방송 미디어의 일방적인 '독백'을 사회적 미디어인 '대화'로 변환시킨다. 다른 매체와 달리 소셜 미디어는 지식과 정보의 민주화를 지원하기 때문에 일반 대중들을 기존의 단순한 콘텐츠 소비자에서 콘텐츠 생산자로 변화시킨다.

트위터를 이용한 비즈니스 전략은 생산된 콘텐츠를 일방적으로 전달하는 것이 아니다. 따라서 고객들과의 적극적인 커뮤니케이션을 통해 그들이 필요로 하는 맞춤형 콘텐츠를 전달할 수 있어야 한다. 아울러 트위터에 올라오는 고객들의 불만사항이나 요구사항을 수시로 점검하고 즉각적으로 대응할 수 있어야 하며, 고객들의 트윗을 통해 그들의 성향을 파악할 수 있어야 한다. 또한 그들이 형성하고 참여하고 있는 온·오프라인 커뮤니티 등에도 관심을 가져야 한다.

오늘날 고객 한 사람은 단순한 '하나'가 아니다. 소셜 네트워크의 발달로 인해 그 한 사람이 활동할 수 있는 영역은 과거에 비해 비약적으로 확장되고 있다. 특정 제품이나 서비스에 대한 아주 단순한 불만사항이 트위터를 통해 다수의 사람들에게 전달될 수 있고 그 제품이나 서비스에 대한 부정적인 인식이 급속도로 퍼질 수도 있다.

물론 이와 반대로 그 제품이나 서비스에 대한 긍정적인 인식을 빠르게 확산시킬 수도 있다. 이처럼 트위터를 이용한 비즈니스는 비교적 단시간 내에 성과를 낼 수 있지만, 반면에 고객들의 요구에 신속하고 정확하게 대처하지 못한다면 실패할 수밖에 없다.

────── 전 세계 소셜 네트워크 서비스 1위, 페이스북

페이스북은 현재 전 세계에서 가장 널리 활용되고 있는 소셜 네트워

크 서비스*들 가운데 선두 주자로 꼽을 수 있다. 페이스북에서는 사용자들이 다른 사용자들과 친구 관계를 맺고 자신의 프로필과 활동 등을 서로 공유한다. 친구 관계를 맺은 사람들과 메시지를 교환할 수 있고 사진 또는 동영상 등도 공유가 가능하다. 이밖에 소셜 게임이라 불리는 게임 등 다양한 애플리케이션의 이용이 가능하다.

페이스북은 2004년 2월 하버드 대학교 학생인 '마크 주커버그Mark Elliot Zuckerberg'가 3명의 친구들과 함께 만든 것이 시초였다. 페이스북은 처음에 하버드 대학교 학생들만이 이용할 수 있도록 제한하였으나 이후에 13세 이상인 사람은 누구나 가입을 할 수 있도록 했다.

페이스북의 사용자 수는 2004년 12월 100만 명을 시작으로 2008년 8월 1억 명, 2009년 4월에는 2억 명, 2009년 9월에는 3억 명에 이르렀다. 2010년에 2월에 4억 명, 6월에는 5억 명을 돌파하면서 그 폭발적인 성장세를 이어가고 있다. 우리나라의 페이스북 사용자는 약 170만 명으로 추산되며 앞으로도 계속 증가할 것으로 보인다.

페이스북 사용자들이 지속적으로 증가함에 따라 그 규모면에서 전 세계 최대의 인터넷 서비스인 '구글Google'에 근접하고 있다. 하시만 사용

---

* 소셜 네트워크 서비스에는 트위터와 페이스북 이외에도 다양한 서비스가 존재한다. 1. 지식 공유(Knowledge Sharing): 블로그 또는 마이크로 블로그 등을 일컫는 것으로 트위터(Twitter), 워드프레스(Wordpress), 블로거(Blogger) 등이 있다. 2. 인생 공유(Life Sharing): 사진이나 동영상 등을 공유하는 것으로, 유튜브(Youtube), 플리커(Flickr) 등이 있다. 3. 인맥 구축(Social Networking): 연결과 교류의 수단으로 페이스북(Facebook), 마이스페이스(Myspace) 등이 있다. 4. 비즈니스 인맥 구축(Business Networking): 연결과 교류의 수단으로 링크드인(Linkedin) 등이 있다. 5. 커뮤니티 구축(Community Building): 서로 협력하고 정보를 수집하고 공유하는 것을 말한다.

자들의 페이스북 사용 시간을 따져보면 질적인 면에서 이미 구글을 능가하고 있어 앞으로 페이스북이 구글의 가장 강력한 경쟁자가 될 것으로 전망하고 있다.

페이스북의 성장에는 스마트폰이 크게 한몫하고 있다. 스마트폰용 SNS 애플리케이션 중에 인기 1위는 단연 페이스북 관련 애플리케이션이 차지하고 있다.

페이스북의 인기 비결은 우선 소통을 바라는 사용자들의 '니즈Needs, 욕구'의 변화에서 찾을 수 있다. 기존의 메신저 서비스들도 사용자들의 소통의 욕구를 어느 정도 해결해 주었지만 페이스북은 이를 뛰어넘어 사용자들이 직접 정보를 생산할 수 있도록 돕는다. 뿐만 아니라 사용자가 생산한 정보를 친구 관계의 다른 사용자들의 것과 교환하면서 그 가치를 높일 수 있도록 기회를 제공한다. 이밖에 인간관계의 범위를 넓히고 좁은 인맥을 더 넓게 확장시키는 수단으로서 페이스북이 활용되고 있다. 페이스북의 '오픈 API 정책'에 의해 누구나 페이스북의 애플리케이션을 개발해 사용자들에게 제공하고 이를 통해 개발자는 수익을 올릴 수 있게 되었다. 다양한 서비스를 이용할 수 있게 되었다는 점에서 페이스북의 API는 애플리케이션의 개발자와 사용자, 그리고 페이스북 모두에게 큰 이익을 주고 있다.

──── 트위터의 성장, 아직은 질보다 양

트위터의 놀라운 성장세의 이면에는 부정적인 면도 엿보인다. 자유롭게 정보를 공유하고 사람들 간의 교류를 활발하게 한다는 본래의 취지에서 벗어나 마치 경쟁하듯 단순히 팔로워 수를 늘리는 것에만 집착하는 사용자들을 종종 볼 수 있다. 이러한 무의미한 경쟁 때문에 해외의 유해 계정이나 스팸 계정들이 국내의 트위터로 유입되고 있으며, 사용자들 가운데 리팔로우를 강요하는 문제도 발생하고 있다.

2010년 7월 세계적인 프랜차이즈 기업인 도미노 피자Domino's Pizza가 고객이 가진 팔로워 수만큼 피자 가격을 할인해 주는 행사를 실시함으로써 '도미노 좀비'를 양산한 웃지 못할 상황이 벌어졌다. 도미노 좀비라는 말은 피자 할인 쿠폰을 얻기 위해 트위터에 가입하고 무작정 팔로워 수만 늘리는 사람들을 일컫는다. 할인 행사 기간 동안 할인 쿠폰을 제공받은 그들은 행사가 끝난 이후에 트위터에 접속조차 하지 않는다.

이 행사를 계기로 도미노 피자는 비록 단기간 내에 수많은 팔로워들을 확보했으나 결과적으로 봤을 때 이것은 실속이 없는 무의미한 숫자의 증가일 뿐이다. 즉 트위터 마케팅을 위한 고정적인 팔로워 확보에 실패한 것이다. 허상과도 같은 팔로워 숫자로 인해 마케팅 효과에 대한 정확한 예측이 불가능할 것이며 이후의 트위터 마케팅 전략을 세우는 데도 어려움을 겪을 것으로 예상된다. 또한 이 행사로 단기적으로는 판매를 촉진하는 효과를 거둘 수 있었으나 도미노 피자의 브랜드 이미지는 실추되고 말았다.

하지만 트위터를 통해 지식과 정보를 수집하고 다른 사람들과의 교류를 목적으로 트위터를 사용하는 개인이 늘어나고 있다. 또한 제공하는 제품과 서비스에 대해 고객들과 이야기하고 신뢰를 쌓을 목적으로 트위터를 적극적으로 활용하는 기업들도 늘어나고 있다. 따라서 앞선 도미노 피자의 사례와 같은 시행착오를 넘어서는 트위터 마케팅의 질적인 성장을 기대해 본다.

──── 우선 트위터 비즈니스 전략을 마련해야 한다

미국의 홍보 대행사인 버슨 마스텔라사Burson Marsteller의 자료2009년 11월~2010년 2월까지의 조사 결과에 의하면 미국 『포춘Fortune』미국의 가장 오래된 비즈니스 잡지로 매년 정기적으로 기업들이 달성한 이익을 순위로 매긴다지가 선정한 미국 내 100대 기업 중에서 65개의 기업이 트위터 계정을 운영 중에 있다고 한다.

미국 CNBCConsumer News and Business Channel, 미국 방송사인 NBC의 재정·비즈니스·스포츠 케이블 프로그램 서비스가 선정한 '트위터 운영을 잘하는 기업 Top 10'에 1위 델 컴퓨터, 2위 홀푸드마켓Whole Foods Market, 미국의 유기농·천연 식품 등을 다루는 전문 매장, 3위 자포스Zappos, 의류와 신발 등을 판매하는 미국의 종합 쇼핑몰, 4위 제트블루 항공jetblue Airways, 미국의 저가 항공사, 5위 컴캐스트Comcast Corporation, 미국의 케이블 TV 회사, 6위 뉴욕타임스, 7위 사우스웨스트 항공Southwest Airlines, 미국의 저가 항공사, 8위 스타벅스, 9위 코닥, 10위 홈데포Home Depot, 미국의 가정용 건축 자재 유통 회사 등이 선정되었다.

위의 사례에서 보듯 트위터가 기업의 차세대 마케팅 수단으로 자리 잡고 있으며, 이러한 추세에 발맞춰 국내에서도 대기업과 중소기업, 개인 사업자를 포함하여 약 1,000여 개의 기업이 트위터를 통해 활동하고 있다.

그러나 몇몇 기업들을 제외하고는 유행에 편승해 트위터 마케팅에 뛰어든 곳들이 많다. 이들 기업들은 자신들이 어떤 목적으로 트위터를 활용할 것인지, 그리고 어떤 목표에 도달해야 할 것인지도 정하지 않은 채, 트위터 마케팅을 무작정 진행하고 있다. 어떤 구체적인 전략과 목적이 없이 의미 없는 '리트윗 이벤트'*에만 열을 올리거나 다른 기업들과 팔로워 수 늘리기 경쟁만을 벌이는 곳들이 많다.

최근의 트위터 마케팅들을 살펴보면 일부 대행사들이 트위터 계정을 기업 대신 만들고 일정 수 이상의 팔로워를 모아 주는 대행 서비스를 선보이고 있다. 리트윗 이벤트를 대행하는 서비스들이 우후죽순으로 생겨나고 있으며, 기계적인 서비스 운영으로 인해 트위터 사용자들에게 외면을 받고 있다. 안타까운 것은 이러한 이유로 아직 국내에는 기업의 트위터 활용의 성공 사례라고 손꼽을 만한 것들이 그다지 많지 않다는 점이다.

하지만 우리나라의 기업들도 이러한 시행착오를 이겨내고 모든 고객들이 만족할 수 있는 성공적인 트위터 마케팅을 펼칠 날이 머지않아 올 것이다. 따라서 국내 기업들은 지금이라도 트위터에 대해서 정확히 이해하고 기업에 적합한 트위터 전략 수립**을 위해 준비해야 한다.

* 리트윗 이벤트는 기업이 자신들의 이벤트를 팔로우하고 리트윗하는 고객들에게 경품을 제공하는 것을 일컫는다.
** 기업들은 고객과의 소통을 활성화하고 보다 효율적인 마케팅 계획을 수립해야 한다. 이를 위해 트위터를 적극 도입하고 활용할 수 있는 적극적인 '대(對)고객 커뮤니케이션 전략'을 수립해야 한다.

트위터의 특성

twitter business

──── 140자로 사용자들의 현재를 공유한다

트위터를 재정의해 보면 '140자로 지금 현재를 트위터 사용자들과 공유하는 미니 블로그'라고 할 수 있다. 트위터는 작은 새들이 짹짹 지저귀는 소리를 의미하는 것으로, 사용자들은 작은 새가 지저귀는 것처럼 트위터 홈페이지나 스마트폰의 트위터 애플리케이션을 이용하여 지금 일어나고 있는 일과 자신이 알고 있는 것, 생각하고 있는 것 등을 자유롭게 이야기한다. 또한 트위터의 리플라이나 리트윗 기능을 통해 이를 다른 사용자들과 적극적으로 공유하면서 상호 교류하고 있다.

트윗은 트위터에서의 짧은 이야기를 의미한다. 트위터 사용자들은 "지금 뭐하고 계세요? What's happening?"라는 입력란 안에 현재 자신이 가지고 있는 정보나 지식, 의견 등을 기재할 수 있다.

응용 서비스들이 계속 개발되면서 트윗은 초기의 단순한 140자의 문자 발신 이외에 URLUniform Resource Locator, 유니폼 리소스 로케이터*을 연결시키거나 사진, 동영상, 음성 자료, 위치 정보 등을 전송하는 게 가능해졌다. 그만큼 트윗으로 전달할 수 있는 정보의 양도 점차 늘어나고 있다.

(1) 트위터의 4가지 특성

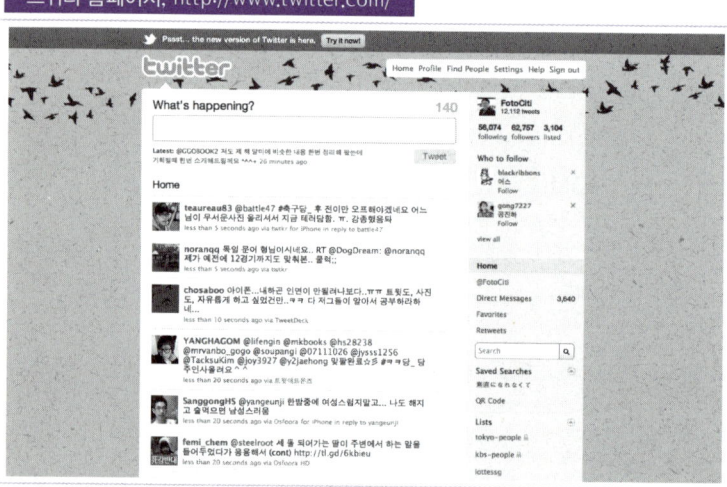

트위터 홈페이지, http://www.twitter.com/

트위터는 다음 4가지의 특성을 갖는다. 첫째, 누구나 정보를 발신할 수 있다. 둘째, 정보가 일순간에 다수에게 전파된다. 셋째, 쌍방향성이 높다. 넷째, 개인과 개인이 관계를 맺기 쉽다.

> URL은 웹상에서 각종 서비스를 제공하는 서버들 내에 있는 파일의 위치를 표시하는 표준화된 주소를 일컫는다.

트위터에서는 말하고 싶은 것들을 웹이나 스마트폰의 트위터 애플리케이션을 이용해 가볍게 트윗할 수 있다. 누구나 자신이 가지고 있는 정보를 발신할 수 있으며, 웹이나 팔로워의 타임라인에 최신 정보가 실시간으로 표시된다. 또한 나의 정보를 일순간에 다수에게 전달하는 것이 가능하며, 상대방의 트윗에 간단하게 답장하고 이를 전송할 수 있다. 사용자 간의 쌍방향성이 높으며, 상대방의 트윗에 리트윗을 한 사람이 자동으로 표시되어 개인과 개인 간의 관계 맺기가 쉽다는 장점을 지닌다.

(2) 트위터는 실시간 정보 네트워크다

최근 들어 트위터사는 트위터가 소셜 네트워크 서비스가 아니라 '실시간 정보 네트워크Real-Time Information Network'라고 정의하고 있다. 이러한 정의를 통해 트위터가 관계보다는 현재의 정보와 그것의 소통을 더 중시한다고 분석할 수 있다. 이처럼 트위터가 소통을 위한 수단이라고 한다면, 페이스북은 관계를 위한 수단이라고 볼 수 있다. 트위터에 관한 트위터사의 발언은 경쟁사인 페이스북과의 차별화를 한층 더 강조한 것이라고 할 수 있다.

최근의 조사 결과에 의하면 정보 전달력에 있어서 트위터가 페이스북보다 6.6배 정도 더 빠르다는 것을 알 수 있는데, 이는 트위터가 정보 전달 수단으로서 더 뛰어나다는 것을 다시 한 번 입증하는 것이라고 볼 수 있다. 이처럼 트위터는 '현재'를 비추는 거울과 같은 '라이브 미디어Live Media'이며 다른 트위터 사용자들과 함께 '현재'를 공유할 수 있는 수단이라고 말할 수 있다.

(3) 트위터는 뉴스보다 빨리 전달한다

최근에 발생한 일련의 사건 사고들을 보면 트위터의 속보성速報性을 직접 경험해 볼 수 있다. 2010년 9월 우리나라를 휩쓸고 지나간 제7호 태풍 '곤파스KOMPASU'의 피해 상황, 추석 연휴 동안 수도권을 강타한 집중 호우, 부산 해운대 고층 주상 복합 건물의 화재 등의 중요 사건들을 트위터는 TV나 라디오, 인터넷 뉴스보다도 먼저 전했고, 심지어 기존의 언론매체들이 피해 상황에 대한 사진과 동영상 자료들을 트위터에서 인용할 정도였다.

이밖에 허드슨 강 항공기 추락 사고, 아이티 공화국Republic of Haiti에서 일어난 대지진, 중국 스촨성四川省에서 일어난 대지진 등과 같이 해외에서 일어난 사건 사고를 다루는 데 있어서도 트위터는 그 위력을 발휘했다. "최신 정보는 텔레비전이 아니라 트위터에 다 있다"는 이야기가 나올 정도이다. 이처럼 기존의 언론매체들이 소화하기 어려운 부분을 트위터가 대신하고 있는 것이다.

──── 트위터가 주목받는 이유

(1) 입소문을 강력하게 전파한다

하나의 트윗이 리플라이와 리트윗을 통해 다른 트위터 사용자들에게 영향을 미치고 이것이 반복적으로 이루어지면서 큰 반향을 일으킬 수 있다.

트위터는 한 사람이 올린 트윗이라도 그 사람이 수만 명의 팔로워를 가지고 있다면 순식간에 수만 명에게 그 트윗이 전파될 수 있다. 또한 팔로워들이 이 트윗을 리트윗하게 되면 이론적으로 몇 분 이내에 수백만 명에게 그것을 전파할 수 있다.

최근 자료에 의하면 트위터에서 리트윗하는 경우 그 트윗이 타임라인에 올라온 지 10분 이내에 리트윗한 경우가 35%, 1시간 이내에 리트윗한 경우가 55%에 달한다. 이 자료는 트위터 사용자들이 가치가 있다고 판단되는 트윗의 경우 한 시간 이내에 리트윗한다는 사실을 보여주고 있다.

이렇게 트위터는 자신의 팔로워들뿐만 아니라 그 팔로워의 팔로워들에게까지 트윗을 광범위하게 전파할 수 있는 특성을 지니고 있다. 따라서 많은 기업들이 트위터의 강력한 전파력을 이용, 자신들이 생산한 제품이나 서비스 등을 홍보하기 위해 트위터 마케팅을 시도하려고 한다.

중요한 것은 앞선 자료에서도 볼 수 있듯이 기업에서 제공되는 트윗의 내용이 간결하면서도 짜임새 있게 구성되어야 한다는 것이다. '140자'라는 제한된 분량 안에 기업이나 개인 사업자가 생산한 제품이나 서비스에 대한 핵심적인 내용을 담을 수 있어야 한다.

물론 앞서 지적했듯이 트위터와 연동되는 여러 애플리케이션을 이용해 내용을 알차고 풍부하게 꾸밀 수 있다. 그러나 트위터의 신속한 정보 전달력을 살리고자 한다면 타임라인에서 한눈에 볼 수 있도록 해야 한다.

또한 트위터를 통해 제품이나 서비스의 내용을 접하게 되는 고객들이 기업의 홍보 트윗을 다른 트위터 사용자들과 공유할 만큼 가치 있는 것으로 인식해야 한다는 것이다. 뿐만 아니라 트위터를 통한 홍보가 실제 구매로 이어져야 하며, 트위터를 통해 제기되는 고객들의 불만사항이나 요구사항 등에도 항상 귀를 기울여야 한다.

(2) 트위터 내에서는 소비자와 기업이 평등하다

트위터 내에서는 모든 사용자가 저마다 하나의 계정을 다 갖기 때문에 트위터 내에서는 모두가 동등한 위치를 점한다. 정부나 기관, 대기업, 중소기업, 개인 사업자, 정치인, 연예인, 유명인, 일반인 모두 평등하게 동등한 발언 기회를 갖는다. 트위터 내에서는 소비자와 기업이 동등한 위치에서 서로의 정보를 자유롭게 실시간으로 교환하고 공유한다.

트위터는 기업이 소비자들의 목소리를 귀담아 들으면서 소비자들과 직접 소통할 수 있는 공간을 제공한다. 소비자는 트위터를 통해 특정 기업에서 생산한 제품과 서비스에 대해 불만사항이나 요구사항, 개선이 요구되는 사항들을 적극적으로 표현할 수 있다. 뿐만 아니라 고객들은 자신이 만족하는 제품과 서비스에 대해 적극적으로 표현하고 이를 다른 트위터 사용자들과 공유함으로써 기업의 홍보 대사 역할까지도 수행한다.

트위터 비즈니스에 주목하라

twitter business

"기업이 왜 트위터에 참여하고 그것을 활용해야 하는가?"라는 질문을 받으면 "지금 트위터에 고객이 있기 때문이다."라고 답할 것이다. 이유는 이것이 바로 트위터 마케팅의 출발점이기 때문이다.

이제 기업들은 비즈니스나 마케팅을 하기 위해 고객이 있는 곳이라면 어디든지 찾아가야 한다. 그리고 고객과 소통히기 위해 모든 채널을 열어두어야 한다. 전통적인 마케팅에서는 가능한 한 많은 소비자들에게 제품을 알리는 것만을 중요시 했다. 그러나 온라인 네트워크를 기반으로 하는 트위터 시대를 맞은 오늘날, 이제 기업의 비즈니스와 마케팅 전략도 그에 걸맞게 변해야 한다. 기업은 소비자들의 신뢰를 얻고 그들과의 '관계 형성Engagement'에 더 많은 힘을 쏟아야 한다. '고객과의 정직하고 솔직한 대화'와 '유익한 가치의 제공'이 트위터 비즈니스와 마케팅의 기본적인 목적이다.

──── 트위터 마케팅은 비용이 적게 든다

트위터는 초기 도입 비용이나 운영비가 거의 제로에 가깝다. 따라서 대기업뿐만 아니라 중소기업이나 개인 사업자들도 트위터의 비즈니스적 활용에 큰 기대를 걸고 있다. 또한 의무적으로 팔로워 수를 늘릴 필요가 없는 소규모 비즈니스에 트위터를 효율적인 마케팅 도구로 활용할 수 있다.

마케팅 비용이 충분치 않아서 기존의 매스 미디어를 이용할 수 없었던 중소기업과 개인 사업자는 트위터를 통해 적은 비용으로도 제품이나 서비스에 대한 마케팅이 가능해졌다. 막대한 마케팅 비용을 절감하는 대신 그 비용을 제품 개발이나 설비 투자에 활용할 수 있게 되었다. 물론 트위터 마케팅도 사전에 준비가 필요하며, 이것을 간과한다면 아무런 효과도 거두지 못할 것이다.

트위터 마케팅은 그 비용이 거의 들지 않는다는 장점이 있지만 그만큼 부단한 관리가 필요한 것도 사실이다. 고객들이 반응을 수시로 확인하면서 신속 정확한 대응을 할 필요가 있다.

──── 트위터에는 '스팸Spam'과 '노이즈Noise'가 적다

한때 이메일과 인터넷 검색이 최고의 마케팅 수단으로 각광받았던 시기가 있었다. 그러나 이제는 개인 메일함이 온갖 스팸들로 가득 차 있고,

인터넷 검색을 통해 어떤 정보를 검색할 때 내가 원하는 정보보다는 광고물이나 불필요한 정보들만 보게 되는 경우가 허다하다. 그래서 정작 내가 원하는 정보를 찾는 것이 쉽지 않다.

이메일과 인터넷 검색을 통한 기존의 마케팅 방식을 변화시켜야 한다. 트위터는 내가 원하는 정보를 가진 사람들을 자기 의지대로 팔로우하고 그들이 올린 정보들을 내 타임라인을 통해 받아볼 수 있기 때문에 '스팸'과 '노이즈*'가 상대적으로 적다는 장점이 있다. 또한 스팸과 노이즈를 발신하는 사용자는 언제든지 언팔로우함으로써 내 타임라인에서 사라지게 할 수 있다.

이처럼 트위터 사용자들은 그간 TV나 신문, 잡지 그리고 인터넷 등과 같은 매체를 통해 내가 원하지 않는 광고성 정보들을 일방적으로 받아 왔다. 하지만 트위터를 이용한다면 내가 원하는 정보들만을 선별해서 접할 수 있으며, 이렇게 얻게 되는 정보들은 더욱 신뢰하게 된다.

─── 트위터는 사용자들이 직접 만드는 네트워크다

트위터는 사용자들이 직접 만들어 가는 네트워크이다. 사용자들 스스로가 트윗을 올리고 이를 통해 사용자들이 서로 교류할 수 있다. 사용자들이 올리는 개별 트윗당 정보의 양은 적지만 네트워크의 규모가 크기

---

* 노이즈(Noise)는 마케팅을 목적으로 일부러 유발하는 소음이나 잡음을 뜻한다. 요즘 문제시 되고 있는 기업들의 '노이즈 마케팅(Noise Marketing)'은 이러한 노이즈의 특성을 이용한 것이다. 기업은 자신이 생산한 상품을 각종 구설수에 휘말리도록 함으로써 소비자들의 이목을 집중시켜 판매를 늘리는 마케팅 전략을 구사하는데, 이것이 바로 노이즈 마케팅이다.

때문에 트윗들이 한데 모인다면 그 정보의 양이 상당하다.

또한 사용자들의 관심을 유발하는 트윗은 사용자들에 의해 먼저 검증되고 정화된 정보이기 때문에 사용자들은 이런 트윗을 더 신뢰하게 되며, 그 결과 해당 트윗이 사용자들 사이에서 빠르게 확산되기도 한다.

이런 결과를 반영하듯 최근 소비자들이 기업보다 오히려 다른 소비자를 더 신뢰한다는 연구 결과들이 속속 등장하고 있다. 기업은 제품이나 서비스에 대해 자신의 입으로 떠들기보다는 오히려 고객들이 자발적으로 그것을 공론화시키도록 유도하면서 고객들이 이를 널리 확산시키도록 해야 한다. 따라서 기업은 생산한 제품이나 서비스에 대한 흥미로운 이슈들을 트위터를 통해 소비자들에게 계속 제공해야 한다.

──── 타임라인은 정보의 보물창고다

트위터는 '누구나 정보를 발신할 수 있으며 그만큼 누구에게나 열려 있다'는 장점을 지니고 있다. 따라서 사용자들은 가지고 있는 다양한 정보들을 자유롭게 트윗할 수 있으며, 이 트윗들이 타임라인에 쌓이게 된다.

다방면의 배경 지식과 전문 지식, 경험 등을 보유한 트위터 사용자들이 증가함에 따라 일반적으로 쉽게 접근하기 어려운 더 정확한 고급 정보들이 트위터의 타임라인에 올라오고 있다. 이로써 사용자들은 타임라인을 통해 자신들이 필요로 하는 고급 정보들을 손쉽게 구할 수 있게 되었다. 즉 트위터의 타임라인이 양질의 정보를 축적하고 있는 일종의 보물 창고와 같은 역할을 하게 된 것이다.

─────── 트위터를 통해 고객과 기업이 신뢰 관계를 형성한다

기업은 트위터를 통해 실시간으로 고객들이 주고받는 대화의 장에 참여할 수 있다. 기업은 생산한 제품과 서비스를 알리고 고객들과 대화를 나누면서 그들이 원하는 것들을 찾아낼 수 있다.

기업은 고객들의 의견을 비즈니스나 마케팅 전략에 반영해야 한다. 또한 제품과 서비스의 생산 과정에도 이를 반영한다면 고객들로부터 자사에 대한 보다 더 큰 신뢰를 얻을 수 있다.

장기적인 관점에서 고객들과의 '신뢰 관계Friendship'가 형성된다면 기업은 그들과 더욱더 돈독한 신뢰 관계를 쌓을 수 있고 또 이를 유지해 나갈 수 있다. 기업과 고객이 서로 적대적 관계가 아닌 친구로서 상생하는 것이다. 물론 고객에 대한 기업의 진정성이 바탕이 되어야 한다.

트위터를 통한 새로운 마케팅은 '협력적 마케팅'이 될 것이다. 이것은 장기간의 커뮤니케이션을 통해 기업이 고객들과 신뢰를 쌓고 또 고객들과 돈독한 신뢰 관계를 형성하게 되었을 때 비로소 가능하다. 따라서 기업은 진정성을 바탕으로 트위터에서 이루어지는 고객들과의 커뮤니케이션을 중요하게 다루어야 한다.

기업은 고객들을 단순한 소비자로 볼 것이 아니라 미래를 공유하는 일종의 동반자로 인식해야 한다. 기업은 고객과 신뢰 관계를 형성할 수 있도록 최선을 다해야 한다.

──── 트위터에서 고객은 기업의 '홍보 대사'다

　우리에게 마케팅 관련 예산이 하나도 없다고 가정해 보자. 이 상황에서 최선의 마케팅 전략은 고객들의 입소문을 이용하는 것이 될 것이다. 즉 입소문이 지니는 전파력을 이용하여 고객들이 우리가 생산한 제품과 서비스를 구매하도록 유도하는 것이다. '입소문 마케팅 전략'의 성공은 우리가 고객들로부터 최고의 선물을 받는 것과 다름없다. 하지만 우리는 이 선물을 얻기 위해 부단한 노력을 아끼지 말아야 한다.

　기업은 트위터를 통해 고객들이 무엇을 좋아하는지 알아내야 한다. 그리고 그렇게 알아낸 것들을 제품과 서비스의 생산 과정 내에 반영해야 한다. 이러한 노력을 통해 기업은 고객들에게 호응을 얻게 될 것이고, 그렇게 된다면 기업이 강요하지 않아도 고객들 스스로 해당 기업의 홍보 대사를 자처할 것이다. 기업은 제품과 서비스에 대해 자찬할 것이 아니라 고객들의 입을 통해 제품과 서비스, 그리고 자사에 대한 '칭찬'을 들어야 한다.

트위터 마케팅, 어떻게 시작할 것인가

twitter business

 트위터를 마케팅 수단으로 활용하기 위해서는 우선 트위터의 특성에 대해 제대로 이해해야 한다. 이를 바탕으로 트위터를 기업의 마케팅 전략에 어떤 방식으로 접목시킬 것인지 결정해야 한다.
 그리고 각 기업들마다 독특하면서도 효율적인 트위터 마케팅 전략을 수립해야 하며 반드시 정책Policy과 가이드라인Guideline, 정책을 뒷받침하기 위하여 설정한 지침이나 안내서를 말함을 마련한 뒤에 트위터 마케팅에 뛰어들어야 한다.
 아래의 사항들은 기업이 트위터 마케팅 전략을 세울 때 반드시 고려해야 할 사항들이다.

- 계정명을 확보한다.

- 경쟁 업체를 점검해 본다.
- 개인적으로 사용해 본다.
- 트위터 스타일을 선택한다.
- 트위터의 실시간성을 반드시 고려한다.
- 커뮤니케이션을 한다.
- 트위터에서 검색해 본다.
- 키맨을 발굴한다.
- 고객을 응대해 본다.
- 전 직원이 사용해 본다.
- 팔로워들을 늘려 본다.
- 시스템과 툴에 투자한다.

계정명을 확보한다

기업이 트위터를 마케팅적 수단으로 활용하기 위해 가장 먼저 해야 할 일은 계정명을 확보하는 것이다.

대기업의 경우 주요 회사명과 브랜드명을 선점당하는 경우가 빈번하기 때문에 트위터 마케팅에 앞서 우선 회사의 계정, 제품과 서비스에 관련된 계정 등을 만들어야 한다.

트위터의 계정은 제한 없이 특정 계정명을 확보하는 것이 가능하기 때문에 트위터 마케팅을 위한 기업의 첫 번째 준비는 계정명의 확보가 될 것이다.

계정명은 가급적이면 회사명이나 브랜드명과 동일하게 정하는 것이 좋다. 그렇지 않은 경우에는 고객들이 쉽게 연상할 수 있고 외우기 쉬운 짧은 계정명을 선택하는 것이 좋다.

계정명이 가급적 짧아야 하는 또 다른 이유는 트위터의 140자 제한 규칙 때문이다. 계정명이 짧으면 조금이라도 더 많은 내용을 트윗할 수 있기 때문이다.

─── 경쟁 업체를 점검해 본다

트위터는 기업이 생산한 제품과 서비스에 대한 정보 발신 등의 홍보 수단뿐만 아니라 오프라인 점포의 내점, 마케팅 이벤트의 집객, 그리고 인터넷 쇼핑몰로의 고객 유도 등과 같은 직접적인 판촉 수단으로도 사용할 수 있다. 또한 제품 개발에 고객을 참여시키는 수단으로서 트위터를 사용할 수 있다. 이밖에 브랜딩, 시장 조사, 홍보, 영업 등과 같은 넓은 의미의 마케팅 수단으로도 활용이 가능하다. 이처럼 트위터는 마케팅 수단으로서 큰 잠재력을 보유하고 있다.

또한 트위터를 통해서 경쟁 업체가 어떤 어려움을 겪고 있는지, 고객들에게 어떤 평가를 받고 있는지, 그리고 고객들이 경쟁 업체의 신제품에 대해 어떻게 생각하고 있는지 등을 모니터링 할 수 있다.

트위터를 비즈니스적으로 활용하기에 앞서서 우선 경쟁 업체가 고객들과 어떤 방식으로 커뮤니케이션하면서 그들과 신뢰를 쌓아가고 있는지, 경쟁 업체가 그들의 마케팅 활동에 고객들을 어떤 방식으로 참여시키고 있는지 등을 먼저 분석해야 한다.

──────── 개인적으로 사용해 본다

트위터를 비즈니스적으로 활용하기에 앞서 검토해야 할 것은 해당 기업이나 개인이 트위터를 활용하려는 목적이다. 그리고 그 목적에 맞추어 트위터에서 어떤 정보를 어떻게 발신할 것인지 결정해야 한다. 먼저 개인적으로 트위터를 사용해 보면서 다른 사용자들이 어떤 정보들을 선호하고 요구하는지, 그들과 어떤 식으로 커뮤니케이션을 해야 하는지 등을 먼저 익히는 것이 중요하다.

일본의 경우에 대부분의 기업들이 기업 트위터 계정을 운영하기 전, 담당자들이 먼저 개인적으로 트위터를 충분히 익히고 또 실제로 사용해 보면서 트위터에 대한 감각을 몸에 익힌다. 트위터 마케팅을 시작하는 것도 중요하지만 사전에 트위터에 대한 전반적인 지식을 먼저 습득하고 그것을 완전히 이해하는 것도 매우 중요하다.

(1) 개인 차원에서의 올바른 트위터 활용법

트위터를 비즈니스와 마케팅 수단으로 잘 활용하기 위해서 어떤 것들이 필요할까?

앞에서 강조했듯이 트위터에서는 경청이 최우선이다. 트위터를 시작하고 '내가 트위터에서 어떤 말을 할까?'보다는 트위터를 통해 '나는 어떤 이야기들을 들을 것인가?'를 먼저 고민해 봐야 한다. 트위터에 잘 적응하기 위한 지름길은 다음과 같다.

트위터를 시작했다면 먼저 트위터의 검색 기능을 활용하여 나의 관심사와 관련된 사람들을 찾아 그들을 팔로잉하고 그들이 어떤 이야기들을 하는지, 다른 사용자들과 어떻게 교류하는지 등을 먼저 살펴봐야 한다.

또한 트위터를 통해 내가 어떤 가치 있는 정보와 지식을 다른 트위터 사용자들과 공유할 것인지에 관해 숙고해야 한다. 트위터의 가장 큰 장점은 '가치의 공유'이다. 트위터에서 나는 가치의 수혜자이면서 동시에 가치의 제공자로서의 역할을 하게 된다. 이 두 역할을 충실히 해낸다면 나의 트위터는 가치 있는 정보들과 지식들의 보고로 거듭날 것이다.

(2) 트위터 이용 시 트윗하지 말아야 할 것들

다음의 사항들은 트위터 운영의 가이드라인 작성 시 참고해야 하는 것들이다.

- 회사의 경영 상태를 트윗하지 않는다.
- 고객의 개인 정보를 트윗하지 않는다.
- 사원의 개인 정보를 트윗하지 않는다.
- 거짓말이나 불확실한 내용은 트윗하지 않는다.
- 오해를 불러일으킬 만한 내용은 트윗하지 않는다.
- 누군가에게 불쾌감을 줄 수 있는 내용은 트윗하지 않는다.
- 예의에 어긋나거나 도덕적으로 문제되는 내용은 트윗하지 않는다.

──── 트위터 운영 스타일을 선택한다

개인적으로 트위터에 대한 감각을 익힌 다음에는 해당 기업에 적합한 트위터 운영 스타일을 선택해야 한다. 발신하는 정보의 내용, 정보를 발신하는 횟수, 발신하는 목소리의 톤, 발신하는 스타일, 운영 체제 등의 여러 항목들을 사전에 충분히 검토한 후에 기업 트위터의 운영을 시작해야 한다.

발신하는 정보의 내용은 제품에 대한 정보와 이에 관련된 공지사항, 자사에 대한 새로운 소식, 판매 및 홍보 이벤트 등의 고지, 고객이 스팸으로 생각하지 않을 정도의 정보 발신 횟수, 그리고 고객이 친근하게 느낄 수 있는 목소리의 톤과 스타일을 잘 검토하여야 한다. 이 사항들을 사전에 충분한 검토 후에 트윗을 발신한다면 기업은 고객들과의 신뢰 관계를 형성할 수 있을 것이다. 또한 고객들을 기업의 든든한 지원군으로 만들 수 있으며, 제품과 서비스, 기업 이미지 등의 판촉 효과를 향상시킬 수 있다. 또한 고객들이 기업이 발신하는 트윗에 대해 흥미를 느끼면서 그 트윗이 가치가 있다고 생각하게 된다면 고객들 스스로 리트윗을 할 것이다. 그렇게 된다면 해당 기업의 트윗이 불특정 다수의 다른 사용자들에게 널리 전파될 것이다.

트위터 마케팅 관련 담당자가 여러 명인 경우에는 우선 의견 수렴이나 회의를 통해 트위터 운영 스타일을 정하고 그것에 맞춰 운영해야 한다. 중요한 것은 반드시 공통의 운영 규칙을 가지고 한 목소리로 기업 트위터를 운영해야 한다는 것이다. 고객들이 혼란함을 느끼지 않도록 기업 트위터는 반드시 통일성을 유지해야 하기 때문이다. 따라서 미리 정해진 트위터 운영 스타일과 통일성을 갖춘 트위터 운영은 고객들이 기업의 트위터 마케팅을 더욱 신뢰하도록 만들 것이다.

──── 트위터의 실시간성을 반드시 고려한다

앞서 트위터는 사용자들과 현재를 공유한다고 이야기했었다. 실시간 Real Time으로 정보를 발신할 수 있다는 트위터의 특성은 기업에 입장에서 하나의 큰 이점이 될 수 있다.

일본의 경우 당일 날 수확한 야채의 상태나 수확량 등을 그것의 사진과 함께 트위터에 실시간으로 공지하여 주문을 받은 후, 그날 바로 배송해 주는 판매 방식이 주목받고 있다. 또한 이동식 판매 차량을 이용, 어떤 곳에서 어떤 제품을 판매하는지 트위터를 통해 실시간으로 공지하고 고객들을 맞는 판매 방식도 있다.

이러한 판매 방식은 제품의 산지와 소비자를 직접 연결시킴으로써 유통 과정에서 소모되는 시간을 최대한 단축시킬 수 있다. 또한 실시간으로 제품에 대한 정보를 제공받을 수 있기 때문에 고객들은 제품과 생산자를 신뢰할 수 있게 된다. 고객과 생산자 간의 신뢰 관계가 성립된다면 양자 간의 지속적인 거래 관계가 유지될 수 있다.

이처럼 트위터는 실시간으로 정보를 알릴 수 있고 당사자 간에 쌍방향 커뮤니케이션이 실시간으로 이루어질 수 있다는 장점을 갖는다. 기업이나 개인은 트위터를 비즈니스와 마케팅에 어떻게 활용할 것인지 숙고한 후 그에 적합한 전략을 수립하고 실행해야 한다.

──── 커뮤니케이션을 한다

트위터에서 사용자가 기업 트위터를 팔로우하게 되면 기업이 발신한 트윗을 타임라인에서 바로 볼 수 있다. 일방적인 발신만을 원한다면 상호 간의 팔로우는 필요치 않다. 하지만 상호 간에 팔로우 상태가 되었을 때 커뮤니케이션이 더 원활하게 이루어지므로 기업은 트위터 운영에 앞서 상호 팔로우를 할 수 있는 방안을 마련해야 한다. 기업이 트위터 사용자들에게 친근하게 다가가기 위해서는 원활한 커뮤니케이션이 필수적이다. 따라서 상호 팔로우가 잘 이루어진다면 트위터 마케팅의 효과는 더욱 증대될 것이다.

──── 트위터에서 검색해 본다

기업이나 개인이 트위터를 마케팅 수단으로 사용할 때, '트위터 검색 http://search.twitter.com 트위터 실시간 검색 서비스'을 통해 자사나 자신에 대한 데이터를 수집해 보는 게 가능하다. 시장에 신제품을 출시하고 트위터 검색을 통해 출시 당일부터 그 제품에 대한 고객들의 생각이나 요구사항, 불만사항 등을 단기간 내에 수집할 수 있다

트윗의 문자수는 140자로 한정이 되기 때문에 제품에 대한 고객들의 목소리는 "좋다, 나쁘다, 사고 싶다"와 같이 간결한 표현으로 올라오기 때문에 데이터 수집이 더 용이하다. 기업은 수집한 데이터를 분석함으

로써 제품에 대한 고객들의 반응을 빠른 시간 내에 살펴볼 수 있다. 또한 데이터 분석 결과를 새로운 마케팅 전략에 신속하게 반영할 수도 있다.

─── 키맨을 발굴한다

트위터 마케팅 시 '키맨Keyman'을 활용하면 더 큰 효과를 얻을 수 있다. 트위터의 키맨들은 어떤 사건이나 사회적으로 이슈가 되는 것들, 제품이나 서비스 등의 다양한 화제들을 입소문 내는 트위터 사용자들이다. 트위터 마케팅을 하고자 한다면 그들이 먼저 팔로우하기를 기다리지 말고 적극적으로 그들을 찾아내야 한다. 반드시 그들과 상호 팔로우 관계를 맺고 그들의 활동을 지원하면서 트위터 마케팅에 참여시켜야 한다. 그렇게 한다면 그들은 트위터에서 활동하는 홍보 대사가 될 것이다.

─── 고객을 응대해 본다

트위터 내에서 이루어지는 고객들과의 커뮤니케이션을 진일보시켜 고객 지원 업무에 활용할 수 있다. 이를 통해 기존의 고객 지원 업무 부담을 줄일 수 있고 아울러 브랜딩Branding 효과도 얻을 수 있다.

현재 많은 기업들이 전화나 이메일, 홈페이지 게시판 등을 통해 고객 응대 서비스를 진행하고 있다. 하지만 고객들이 충분히 만족할 만한 서비스를 제공하지 못하는 것도 사실이다. 이런 경우 트위터를 통해 공개적으로 고객 응대 서비스를 진행한다면 트위터의 트윗을 통해 고객들의 궁금증과 문제를 실시간으로 간단히 해결할 수 있다. 또한 기업의 입장에서는 고객 응대 서비스를 더 빠르게 제공할 수 있다. 실제로 아이슬란드 화산 폭발 당시 유럽의 모든 공항과 항공사의 콜센터가 마비되었을 때, 트위터는 유일하게 고객을 응대할 수 있는 수단이었다.

　기업의 신속한 고객 응대는 기업에 대한 고객의 호감도와 신뢰도를 높이는 데 기여한다.

★ 호감도를 높이는 트윗
- 칭찬한다.
- 감사한다.
- 반응한다.
- 친근감을 표시한다.
- 재미있는 이야기를 한다.
- 알려 준다.

★ 신뢰도를 높이는 트윗
- 뉴스를 알려 준다.
- 정보를 제공한다.
- 질문에 답한다.
- 오픈한다.
- 고객의 소리를 들려 준다.

─── 전 직원이 사용해 본다

트위터의 성공적인 비즈니스적 활용을 위해서는 트위터 마케팅에 대해 경영진이 충분히 이해하고 전 직원들과 공감대를 형성해야 한다.* 또한 트위터 마케팅에 대한 기업 차원의 지원도 뒤따라야 한다. 이를 위해 기업의 전 직원들이 필수적으로 트위터를 사용해야 한다.

현재 트위터를 사내 커뮤니케이션 수단으로 활용하는 기업들이 늘어나고 있다. 일본의 소프트뱅크의 경우 전 직원들에게 트위터를 활용할 것을 지시하고 있고 실제로 트위터와 그룹 인트라넷**을 활용하여 적극적으로 정보를 공유하고 모든 직원들이 서로 교류하고 있다.

트위터를 사내 커뮤니케이션 수단으로 활용하여 직원들의 생각과 정보, 지식 등을 공유하기 때문에 기업 내부의 결속력이 강해지고 직원들 상호 간의 협업도 쉽게 이루어질 수 있다. 또한 실제로 직원들의 다양한 아이디어를 비즈니스 활동에 반영하기도 한다. 이로 인해 기업의 생산성이 향상되는 것은 두말할 것도 없다.

이처럼 트위터를 통해 사내 커뮤니케이션을 활성화시키면서 이를 고객들과의 커뮤니케이션으로 확장해 나가는 것이 바람직한 트위터 마케팅 모델일 것이다.

> * 기업은 단순하게 트위터에 진입해 고객들을 끌어들이는 공급자 중심의 'Push-Driven 방식'을 뛰어넘어야 한다. 그리고 고객들이 참여하고 있는 트위터에 기업과 직원들이 직접 참여하여 고객들의 의견을 적극적으로 듣고 수렴하는 수요자 중심의 'Pull-Driven 방식'을 취해야 한다.
> ** 인트라넷은 기업들이 사내에서의 정보 전달을 위해서 기존에 사용하던 전용선을 인터넷으로 대체한 사내 정보 전달 시스템을 말한다.

트위터의 폭발적인 확산과 함께 기업의 사내 커뮤니케이션 채널로 소셜 네트워크 서비스를 주목하는 기업들이 늘고 있다. 이런 움직임 속에서 트위터의 공개성과 보안성이 문제로 지적되면서 기업용 트위터라고 할 수 있는 '야머Yammer'가 주목을 받고 있다. 국내 기업들 중 LG 전자, 두산 그룹, 한글과컴퓨터, CJ GLS, 한국신용정보, 신세계 등 특정 분야를 막론하고 다양한 기업들이 야머를 도입해 사용 중이다.

야머는 단순한 사내 커뮤니케이션의 범위를 넘어선다. 야머를 통해서 지방이나 해외에 나가 있는 직원들과 정보와 지식, 의견 등을 서로 교환하고 소통하면서 당면한 문제들을 함께 해결해 나갈 수 있다. 때문에 야머가 기업들 사이에서 비즈니스 수단으로 널리 활용되고 있는 것이다. 이러한 장점들로 말미암아 대기업들뿐만 아니라 중소기업들도 야머를 사내 커뮤니케이션 수단으로 활용하고 있으며, 그 수가 점차 더 늘어날 것이다.

그밖에 보안상의 이유로 기업용 트위터를 자체 개발하는 기업들도 늘고 있다. KT의 '케이트윗Ktweet', SK 그룹의 '틱톡Tiktok', LG CNS의 '비즈트윗Biz Tweet, 최근 '트윗톡'으로 명칭을 변경' 등이 대표적인 사례들이다.

이처럼 사내 커뮤니케이션 수단으로 트위터와 야머 그리고 자체 개발한 기업용 트위터를 이용하는 기업들이 계속 늘어날 전망이다.

팔로워를 늘려 본다

트위터에서 사용자는 타임라인에 직접 트윗을 올림으로써 정보를 제공하고 다른 사용자들의 리트윗을 통해 이것이 확산된다. 어떠한 경우

든지 간에 기본적으로 팔로워를 늘리는 것으로부터 정보의 전파는 시작된다. 어느 정도 충분한 규모의 팔로워를 확보해야만 트위터를 비즈니스적으로 활용할 수 있다.

팔로워를 충분히 확보하지 않은 상태에서의 정보의 발신은 허공에 대고 외치는 것과 같다. 따라서 어떤 방법으로 팔로워들의 수를 늘릴 것인지 사전에 검토해야 하고 정해진 방법에 따라 팔로워 수를 늘려 나가야 한다.

대기업의 경우 최소한 2,000명 이상의 팔로워들을 확보해야만 트위터 마케팅이 가능하고 적어도 5,000명 이상의 팔로워들을 확보해야 더 효과적인 트위터 마케팅이 가능하다.

많은 기업들이 트위터를 운영하면서 자신들은 누구를 팔로우할 것인지 고민을 많이 하게 된다. 자사 임직원들이나 영향력 있는 사용자, 트위터 담당자와 친분이 있는 사용자 등의 특정 사용자들만을 선별해서 팔로우한다면 불공정한 행위라고 지탄받을 수 있다. 또한 그 자체로도 '안티팬Antifan'들이 형성될 수 있다.

모든 트윗을 리팔로우를 하는 것도 주의해야 한다. 자칫 스팸 계정이나 음란 계정 등 문제가 다분한 계정들까지 팔로우하게 될 수 있기 때문이다. 이러한 행위는 자신과 팔로우 관계를 맺고 있는 다른 사용자들에게 불쾌감을 초래할 수도 있다. 자신의 부주의한 행위로 인해 다른 사용자들의 타임라인이 스팸 계정이나 음란 계정 등의 부적절한 트윗들로 도배될 가능성이 농후하기 때문이다.

물론 트위터를 운영함에 있어 누구를 얼마만큼 팔로우할 것인지 대한 정답은 없다. 이것은 기업의 전략과 정책을 고려해서 선택해야 할 문제이기 때문이다.

기업의 취할 수 있는 팔로우 전략들 중 몇 가지를 살펴보자.

• 적극적 팔로우

내가 먼저 많은 트위터 사용자들을 팔로우한다. 팔로워 수를 늘리는 데 최적의 방법이며, 다른 사용자들이 친근함을 느끼기 쉽다. 단 광고성 트윗만을 타임라인에 올릴 경우 불만을 느낀 사람들이 해당 기업의 계정에 '블록Block, 트위터 내에서 특정 상대를 차단하는 것'을 걸거나 스팸 계정으로 신고할 수 있으니 주의해야 한다.

무분별하게 팔로우하기보다는 해당 기업의 제품이나 서비스에 관심이 있는 사용자들을 위주로 팔로우해야 한다.

• 팔로우 미 팔로우 Follow Me Follow

멘션Mention을 통해 "나를 팔로우해 주세요"라고 하는 사용자들을 팔로우한다. 이 방법은 원하는 사용자들만 팔로우하는 경우이다.

• 타깃 팔로우 Target Follow

타깃을 설정하고 그 사용자들을 팔로우하는 것이다. 트위터에서 해당 기업이 생산한 제품과 서비스에 대해 이야기하는 사용자들이나 경쟁 업체의 제품과 서비스에 대해 이야기하는 사용자들을 팔로우하고 그들과 대화를 시도하는 경우이다.

• 소극적 팔로우

소수의 사용자들만 팔로우하는 경우이다. 이 경우 사용자들을 선별해서 팔로우했다는 오해를 많이 살 수 있다.

• 팔로우하지 않음

기본적으로 아무도 팔로우하지 않는다. 이 방식은 일방적인 정보 발신 목적의 기업 트위터 계정들이 사용한다. 고객들과의 원활한 커뮤니케이션을 원하지 않는 경우에만 사용한다.

────── **시스템과 툴**Tool**에 투자한다**

트위터를 비즈니스적으로 활용할 때 신속한 정보의 발신과 업무 담당자의 부담을 덜어 주기 위해서 시스템적인 지원이 필요하다. 대기업의 경우에는 시스템과 툴의 구축에 대해 면밀히 검토해야 한다.

트위터는 API가 공개되어 있기 때문에 그것을 자유롭게 활용하는 것이 가능하다. 따라서 기업의 트위터 활용 목적에 맞는 시스템과 그 툴의 구축도 가능하다.

기업은 고객들의 소리에 좀 더 귀 기울이기 위한 검색 시스템, 쌍방향 커뮤니케이션을 보조할 수 있는 시스템, 정보 발신을 용이하게 하기 위한 시스템 등 고객들과의 커뮤니케이션을 원활하게 하기 위한 시스템과 툴 개발에 투자해야 한다.

★ 트위터의 비즈니스 활용을 위한 점검 사항

- 도입 전
  › 경영진과 직원들이 트위터에 대해서 충분히 이해하고 있는가?
  › 트위터를 운영하거나 운영할 능력을 가진 내부 인력이 있는가?
  › 트위터의 대응 정책 및 운영 가이드라인을 만들었는가?

- 도입 결정 시
  › 트위터 도입에 대한 SWOT* 분석을 하였는가?
  › 자사에 맞는 트위터 스타일을 결정하였는가?
  › 트위터 운영 인력과 지원팀의 구성, 소요되는 예산 등을 검토하였는가?
  › 트위터 운영을 위한 외부 자문을 검토하였는가?
  › 트윗할 콘텐츠를 기획하고 그에 필요한 사료를 준비하였는가?

- 도입 후
  › 트위터가 제대로 운영되고 있는지, 그것의 효과가 있는지 모니터

* 기업의 환경 분석을 통해 강점(Strength)과 약점(Weakness), 기회(Opportunity), 위협(Threat) 요인을 규정하고 이를 토대로 마케팅 전략을 수립하는 기법이다.

링을 하는가?
› 트위터 전략을 평가하고 수정하며 이를 운영에 반영하는가?
› 정기적으로 리포트를 작성하고 있는가?
› 직원들에게 트위터에 대한 교육을 지속적으로 시키고 있는가?

PART2

트위터의 비즈니스 활용 목적과 단계

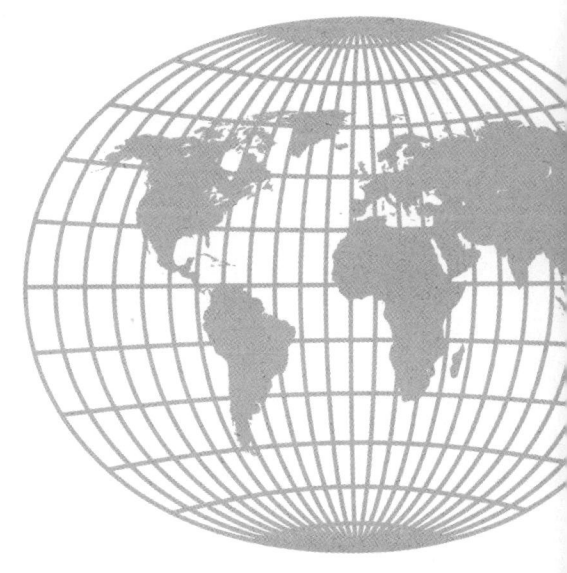

트위터 비즈니스 활용 목적

twitter business

기업과 개인이 어떤 것을 비즈니스 도구로 활용하려고 한다면 그것을 활용하기 위한 목적이 있어야 한다. 그리고 그 목적은 그 도구를 사용하기 전에 미리 충분히 검토하고 결정하여야 한다.

트위터 역시 예외가 아니다. 트위터 비즈니스 활용 목적에 대한 사전 검토가 반드시 필요하다. 기업과 개인에게 있어서 트위터 비즈니스의 궁극적인 활용 목적은 고객들과 직접적으로 커뮤니케이션하면서 자신들에 대한 우호적인 평판을 형성하고 고객들과의 신뢰 관계를 강화하는 것이다.

이를 위해서는 트위터에 대한 이해가 선행되어야 할 뿐만 아니라 기업과 개인이 지향하는 트위터 비즈니스의 목표와 목적 또한 명확해야 한다. 그리고 그러한 목표와 목적에 도달하기 위해서 이를 실행할 수 있는 프로세스와 조직을 갖추어야 한다.

─── 기업은 어떻게 트위터를 활용해야 하는가

2010년 초 미국의 트위터 마케팅 담당자 5,000명을 대상으로 실시한 '기업이 트위터를 어떻게 활용할 수 있는가?'라는 설문 조사에서 다음과 같은 결과를 얻을 수 있었다.

- 실시간으로 기업의 홍보PR 문제를 점검할 수 있다.
- 브랜드에 부정적인 사용자와 접촉할 수 있다.
- 자극적인 문장으로 클릭을 촉진시킬 수 있다.
- 트위터를 통해 실제 이벤트에 초대한다.
- 링크를 통해 기업 사이트로 사용자들을 유도할 수 있다.
- 긍정적인 사용자를 기업의 마케팅 계획에 초대할 수 있다.
- 최적 타이밍에 트위터에서 '페이지뷰'*를 극대화 할 수 있다.
- 매스 미디어를 통해 팔로워를 증가시킬 수 있다.
- 트위터에 광고 페이지를 연결하고 판매를 촉진할 수 있다.

위의 결과를 통해 미국 기업들이 트위터를 단순하게 자사의 제품과 서비스에 대해 광고하고 판촉하는 것 외에 다양한 방면에서 트위터를

* 페이지뷰(Page View)는 인터넷을 사용하는 사용자가 인터넷 상에 있는 홈페이지나 사이트를 접속해 열람한 횟수를 지칭한다.

활용하고 있음을 알 수 있다.

우선 트위터의 실시간성을 활용하여 트위터 상에서 기업에 대한 홍보 문제를 점검하는 데 활용하고 있다. 트위터를 통해 매스 미디어에서의 광고나 인터넷에서의 배너 광고, 캠페인 등에 대한 고객들의 반응을 실시간으로 점검하고 이를 토대로 광고나 캠페인 내용을 수정해 나가기도 한다.

또한 미국 기업들은 트위터의 실명성과 트위터 내에 있는 정보들의 출처를 찾아볼 수 있다는 특성을 이용, 자사의 브랜드에 대해 부정적인 사용자를 찾아 대화를 시도하고 있다. 어떤 이유로 자사 브랜드에 대해 부정적인 인식을 갖게 되었는가를 규명하고, 고객이 오해한 부분에 대해서 적극적으로 해명하면서 기업의 문제점들을 살펴보고 이를 개선하는 데 트위터를 활용하고 있다.

기업 브랜드에 호의적인 고객들을 기업 홍보 이벤트에 적극 초대하는 한편 기업의 마케팅 전략에 참여시킴으로써 고객과 기업 간의 협업 시스템을 구축해 나가고 있다.

기업 트위터 운영 목표

기업이 트위터를 운영하는 목표는 마케팅형, 홍보형, 판촉형, 커뮤니케이션형, 고객 지원Support형을 들 수 있다.

우선 마케팅형은 트위터 상에서 고객들의 입소문을 조사하고 분석하기 위해 트위터를 운영하는 경우를 말한다. 기업 브랜드나 기업이 생산하는 제품에 대한 질문, 앙케트, 미니 리서치 등이 트위터 내에서 가장 손쉽게 시도해 볼 수 있는 마케팅 방법이다.

홍보형은 일방적인 신제품 정보, 회사에 관한 소식 등을 홍보하기 위해 트위터를 운영하는 경우를 말한다. 팔로워들을 통해 급속도로 전파되는 트위터의 특성을 이용하는 트위터 마케팅 방법이다.

판촉형은 캠페인 정보나 할인 정보, 이벤트 정보 등의 발신을 위주로 트위터를 운영하는 것으로 홍보형과 유사하다. 판촉형은 일방적인 기획이 아니라 고객들의 반응을 기초로 만들어진 캠페인이나 할인 이벤트 등을 내용으로 하여 이루어져야 한다.

커뮤니케이션형은 고객들과의 신뢰 관계 향상을 위해 트위터를 운영하는 것을 말한다. 커뮤니케이션 과정에서 고객들과의 대화를 유도할 수 있는 화제를 끊임없이 발신하고 고객들의 의견을 경청함으로써 그들과 신뢰를 쌓아가야 한다.

고객 지원형은 트위터를 통해 고객들의 의견을 찾아보고 이를 바탕으로 능동적으로 고객 지원에 힘쓰는 것을 말한다. 이를 위해서 시스템의 구축과 전문 인력의 양성이 필요하다. 다른 트위터 운영 방법들에 비해 비교적 난이도가 높다.

──── 트위터의 비즈니스 활용 목적

(1) 기업 관련 홍보

트위터를 비즈니스적으로 활용하려는 목적들 중 그 첫 번째는 '기업 관련 홍보'다. 기업은 트위터를 통해서 팔로워를 모으고 팔로워들이 가치가 있다고 생각할 만한 정보들을 지속적으로 발신해야 한다. 또한 트위터를 통해서 고객들과의 대화를 계속 시도하면서 그들과 신뢰 관계를 구축해야 한다. 고객들과 지속적으로 교류해야만 기업의 제품이나 서비스에 대한 장기적인 브랜딩이 가능하다.

트위터를 활용해 단기간에 팔로워를 만들고 자사의 제품이나 서비스에 대해 홍보 트윗을 날리는 것을 트위터 마케팅이라고 단순하게 생각하는 기업들이 많다. 명심해야 할 것은 고객들과의 신뢰 관계가 구축되지 않은 상태에서 보내는 홍보 트윗은 고객들이나 팔로워들에게 스팸으로 인식된다는 것이다. 따라서 트위터를 이용해 홍보를 하기 위해서는 고객들과 팔로워들과의 신뢰 관계 구축이 요구된다. 또한 이를 위한 시간과 인내력이 요구된다.

★ 트위터에서의 브랜딩 방법

- 브랜드 인지도 향상을 통한 브랜딩

팔로워들의 수를 늘리고 트윗을 발신하면서 기업의 브랜드를 많은 사람들에게 노출한다.

- 친밀감을 높이는 브랜딩

트위터 사용자 한 사람 한 사람과 대화를 나누면서 친밀감을 향상시킨다.

• 전문성을 높이는 브랜딩

트위터 사용자들에게 전문적인 제품 정보를 발신하고 그들의 질문에 답하는 과정을 거친다.

• 팬이 되는 브랜딩

브랜드에 호의를 보이는 고객들에게 경의를 표하고 이 같은 행동을 반복하면서 트위터 사용자들을 기업의 팬으로 만든다.

(2) 영업 활동

트위터를 비즈니스적으로 활용하려는 목적들 중 그 두 번째는 '영업 활동'이다. 트위터를 통해 기업은 고객들에게 자사의 제품과 서비스를 소개하고 그들을 판매 이벤트로 안내하면서 소비를 유인하는 것이 가능하다.

물론 이 경우에 단순한 고지만으로는 고객들에게 외면당할 수 있다. 따라서 기업은 고객들의 입장에서 자사의 제품과 서비스에 대한 이점을 생각해 보고 이를 고객들에게 소개해야 한다. 또한 고객들이 원하는 할인 방식과 쿠폰의 증정, 다양한 이벤트 등을 연구해 고객들의 소비를 유도해야 한다.

트위터 내에서의 영업의 시작점은 고객들의 니즈를 찾고 이를 바탕으로 기획된 프로모션을 구사하는 것이 되어야 한다. 트위터 내에서 기업의 영업을 활성화시키기 위해서는 고객들이 "지금만, 여기에서만"이라는 느낌을 받도록 해야 한다.

별도의 홈페이지나 쇼핑몰 없이도 트위터만으로 제품이나 서비스를 판매하는 것이 가능하다. 예를 들어 음식점에서 영업을 시작하기 한두 시간 전에 오늘 준비된 특별 메뉴를 해당 음식 사진들과 함께 트윗으로 안내하면 고객들은 그것을 보고 그 음식점을 찾아 갈 수 있다.

트위터 비즈니스의 성공 사례로 자주 언급되는 미국의 이동식 바비큐 점은 "몇 시에 어떤 장소에서 판매합니다."라는 트윗을 발신함으로써 고객들에게 필요한 정보를 제공한다. 이 바비큐점은 과거 한곳에서 영업을 했을 때는 하루에 10여 명의 고객들이 찾아왔었지만 트위터를 이용하고 난 이후에는 고객들이 500여 명으로 늘어나게 되었다. 또 1대의 이동식 판매 차량은 이후 4대로 늘어났다.

(3) 고객 서비스 제공

트위터를 비즈니스적으로 활용하려는 목적들 중 그 세 번째는 '고객 서비스 제공'이다. 기업은 트위터를 통해 고객들과 커뮤니케이션하면서 고객들을 위한 서비스를 제공할 수 있다.

기업이 제공하는 고객 서비스는 크게 수동적인 고객 서비스와 능동적인 고객 서비스로 구분해 볼 수 있다.

수동적인 고객 서비스는 트위터를 통해 제기되는 고객들의 질문에 대해 응대하는 것을 말한다. 일부 고객들의 질문에 응대하는 것을 귀찮아하거나 외면하는 기업들도 있다. 반드시 트위터를 통해 제기되는 고객들의 질문들에 모두 응대해 주는 것을 원칙으로 해야 한다.

능동적인 고객 서비스는 트위터의 검색 기능을 이용하여 자사의 제품과 서비스에 불만을 느끼는 고객들을 찾아보고, 그들을 방문하여 그들의 불만사항을 직접 해결하거나 필요로 하는 서비스를 직접 제공하는 것이다.

이러한 능동적인 고객 서비스는 고객들에게 더 큰 감동을 줄 것이며, 이를 위해서 기업의 시스템적인 지원이 수반되어야 한다.

(4) 기획 개발

트위터를 비즈니스적으로 활용하려는 목적들 중 그 네 번째는 '기획 개발'이다. 이것은 트위터를 통해 얻게 되는 고객들의 목소리를 기업의 제품 개발과 마케팅 전략에 반영하는 것이다.

트위터를 통해 자사 제품과 서비스에 호의적인 고객들을 모으고 그들의 목소리를 청취하여 이를 제품의 생산 과정이나 마케팅 전략 수립 단계에 반영하는 것이다. 이와 같이 트위터는 고객과 기업 간, 소비자와 공급자 간에 이루어지는 협업의 도구로서 활용할 수 있다.

일본 기업인 소프트뱅크의 손정의 사장은 '소프트뱅크 30년 비전'을 만들면서 트위터에서 자신의 팔로워들에게 30년 후의 일본과 관련된 여러 부분들에 대해 질문했다. 그는 팔로워들의 대답을 듣고 또 그들과 함께 이야기하면서 소프트뱅크 30년 비전에 대한 주요 내용을 구상하였다.

또한 고객들과의 커뮤니케이션을 통해 예약 방법, 장애인 할인, 요금제 등과 관련된 다양한 의견을 청취하고 이를 소프트뱅크의 '아이폰 4'와 '아이패드' 발매 과정에 바로 반영했다.

트위터 비즈니스 활용 단계

twitter business

──── 듣고 반응한다 Listen & Respond

　기업이 트위터를 비즈니스적으로 활용하는 단계를 크게 두 가지로 구분할 수 있는데, '듣는다Listen'와 '반응한다Respond'가 바로 그것이다. 그리고 '반응한다'는 다시 '이야기한다-활성화한다-지원한다-통합한다'의 하위 단계로 구분할 수 있다.

　트위터를 비즈니스적으로 활용하기 위해서는 먼저 '듣는다'의 단계부터 시작해야 한다. 트위터 마케팅은 상대방의 말을 듣는 것에서부터 시작되며 그것의 성공 여부도 이를 통해 좌우된다고 할 수 있다. 트위터 마케팅을 실행하는 동안 기업은 트위터를 통해 고객들의 목소리를 경청하고 이를 통해 고객들에 대한 이해의 폭을 더 넓혀야 한다.

　흔히 개인이나 기업이 트위터를 시작하고 나서 제일 먼저 하게 되는 고민이 '트위터에서 어떤 이야기를 해야 하는가?'이다. 그러나 이는 잘못된 고민이다. 우선 트위터에서 고객들이 하는 이야기를 경청해야 한다.

경청의 단계를 거치고 난 후에는 '이야기한다'의 단계로 넘어가야 한다. 고객들이 가치 있다고 생각할 수 있는 기업의 정보나 제품들, 제공 서비스 등을 트위터를 통해 고객들에게 적극적으로 퍼뜨려야 한다. 이러한 과정 속에서 해당 기업이나 개인의 정보들을 적극적으로 전파하는 열성 고객들을 발견할 수 있을 것이다.

'활성화한다'의 단계에서는 자사의 정보들을 적극적으로 전파하는 열성 고객들을 찾아내고 트위터 내에서 이들의 영향력이 최대화될 수 있도록 이들의 활동을 지원해야 한다. 트위터 상에서 이들의 활동에 대해 진심으로 경의를 표하는 것은 물론이고, 오프라인 마케팅 행사나 이벤트, 고객들과의 만남의 자리 등에 이들을 초대해야 한다.

'지원한다'의 단계에서는 적극적인 커뮤니케이션을 통해 형성된 고객들에게 도움이 될 만한 일들을 진행해야 한다.

일반적으로 트위터를 통해 고객들과 신뢰를 쌓기 위해서는 기업이 고객들에게 공헌해야 한다. 기업이 고객들에게 공헌할 만한 일들이 무엇인지 기업은 항상 고민해야 하며 트위터를 통한 고객 지원을 지속해 나가야 한다.

마지막으로 기업은 이 모든 단계를 거쳐 고객들을 자사의 비즈니스 프로세스 안에 참여할 수 있게 하는 '통합한다'의 단계로 나아가야 한다. 즉 기업은 트위터를 통해 고객들과 함께 비즈니스를 만들어 가는 '협력적 마케팅'을 구현해 나가야 하는 것이다.

──────── 트위터의 비즈니스 활용 단계

(1) 경청

트위터를 비즈니스적으로 활용하기 위한 첫 번째 단계는 '경청 Monitoring'이다. 기업이 트위터 마케팅을 시작하기 위해서는 우선 트위터에서 들리는 고객들의 목소리에 귀 기울여야 한다. 기업은 고객들이 자사에 대해 어떤 이야기를 하고 있는지 반드시 경청해야 한다.

또한 본격적인 트위터 마케팅에 앞서 경쟁사는 트위터에서 마케팅 활동을 어떻게 하고 있는지, 그리고 경쟁사 제품에 대해서 고객들이 어떤 생각을 하고 어떤 이야기를 하고 있는지 등도 살펴야 한다.

이러한 경청을 위해서는 트위터의 검색 서비스와 각 포털들의 실시간 검색 서비스를 이용하는 것이 좋다. 그리고 이러한 경청을 위해서는 적절한 키워드를 발굴하고 이를 검색해야만 최적의 결과를 얻어낼 수 있다.

(2) 대화

트위터에서는 대화를 유도하는 정보를 발신해야 커뮤니케이션이 가능하다. 기업은 끊임없이 고객들이 가치를 느끼고 반응할 수 있는 정보를 발신해야 하고 또한 그것에 대한 고객들의 반응을 놓치지 말아야 한다. 이 대화의 단계에서 중요한 것이 바로 트위터를 통한 기업과 고객들 간의 상호작용이다.

기업은 고객들과의 커뮤니케이션이 지속될 수 있도록 고객들이 원하는 정보에 대해서 연구해야 하고 관련 콘텐츠를 지속적으로 개발해 나가야 한다. 기업 트위터의 성패는 기업이 얼마만큼 가치 있는 정보들을 고객들에게 지속적으로 발신하는가, 그리고 그것에 대한 고객들의 반응을 얼마나 잘 반영하는가에 달려 있다. 기업은 트위터를 통한 고객들과의 상호작용을 잊지 말아야 한다.

(3) 검색 지원

트위터를 통해 고객들의 목소리를 경청하고 그들과 대화하는 것은 트위터를 비즈니스에 활용하는 기본적인 단계에 해당한다고 볼 수 있다. 트위터를 조금 더 고차원적으로 활용하기 위해서는 '검색 지원'이 필요하다.

검색 지원은 '능동적 지원Active Support'의 단계로서, 트위터의 검색 기능을 활용하여 자사의 고객들을 검색하고 그들과 대화를 시도하는 것을 말한다. 기업은 자사의 제품에 대해 언급하는 고객들을 트위터에서 발견하고 그들과의 대화를 통해 쌍방향적인고객과 기업 간의 상호 활동적인 브랜딩 작업을 할 수 있다.

앞서 언급한 바와 같이 이러한 능동적 지원을 위해서는 시스템 개발이 선행되어야 하고 기업의 투자도 이뤄져야 한다.

(4) 통합화

트위터를 비즈니스에 활용하는 마지막 단계는 통합화이다. 트위터 통합화는 트위터에서 수신된 트윗들을 모으고, 그중에서 기업 비즈니스에 관련된 중요한 정보를 추출함으로써 트위터를 시스템적으로 활용하는 것을 말한다. 추출된 정보들 속에는 경쟁 업체와 자사에 대한 고객들의 칭찬과 불만사항, 경쟁 업체의 제품과 서비스, 그리고 트위터 비즈니스와 마케팅 관련 업무에 필요한 중요 내용 등을 담고 있다. 이 정보들은 자사의 제품과 서비스에 연관된 키워드를 검색하여 얻을 수 있다.

기업은 트위터를 통해 형성된 고객들과의 신뢰 관계를 바탕으로 고객들이 직접 자사의 제품 개발 과정과 마케팅 전략 기획 과정에 참여할 수 있도록 제반 시스템과 프로세스를 구축해야 한다.

이를 위해서는 '트위터 점검'를 이용한 검색과 필터링*, 'SMA 시스템'** 등의 구축이 필수적이다. 국내에서는 이 분야에 대한 개발이 아직 시작 단계에 있지만, 미국이나 일본 등지에서는 이미 활성화되고 있다.

---

* 필터링(Filtering)은 스팸 메일과 같이 정보 사용자가 원하지 않는 정보를 걸러 내는 행동 또는 그러한 기능이나 과정을 일컫는다.
** 소셜 미디어 분석 시스템(Social Media Analytics, 소셜 미디어 애널리틱스)은 단순한 모니터링의 수준을 넘어선다. 이것은 소셜 미디어 데이터 기반의 분석 및 예측을 통해 현실적 가치를 이끌어 내고 이를 통해 최상의 비즈니스 의사 결정을 내릴 수 있게 도와준다.

트위터 계정을 누가 운영할 것인가

twitter business

트위터를 비즈니스적으로 활용할 때 누가 기업 트위터를 운영할 것인가도 관건이다. 일반적으로 CEO, 관리직, 일반 직원, 아르바이트 직원 등이 운영하거나, 여러 부서의 직원들로 이루어진 트위터 비즈니스 전담팀이 전문적으로 운영할 수도 있다. 또는 외부 위탁이나 외부와 공동 운영 등의 방법을 통해 기업 트위터를 운영할 수 있다.

CEO 트위터의 경우 강력한 파워와 빠른 의사 결정이 가능하기 때문에 트위터 사용자들에게 가장 효과가 크다. 그러나 여건상 모든 CEO들이 트위터에 참여하기는 현실적으로 쉽지 않다.

그리고 일반 직원이 단독으로 운영할 경우 듣고 말하는 모든 일을 혼자서 다 하기 때문에 매 순간 적절한 대응이 불가능하며, 커다란 중압감과 긴장감 속에서 고객들을 응대해야 하기 때문에 업무 스트레스도 클

수밖에 없다. 또한 담당 직원의 휴가 기간 동안에는 통일성 있는 트위터 운영을 기대하기 어렵다.

신입 직원이나 아르바이트 직원을 이용하는 경우 회사에 대해 충분히 알지 못한 상태이기 때문에 개인 트위터 계정인지 기업 트위터 계정인지 그 경계가 모호해지는 경우가 발생한다.

제일 좋은 운영 방법은 여러 부서의 직원들로 이루어진 트위터 비즈니스 전담팀을 구성하여 기업 트위터를 안정감 있게 운영하는 것이다. 이를 통해 운영 노하우를 서로 공유하고 또 트위터에서 수집된 고객들의 목소리를 해당 업무 부서에 빠르게 전달하는 것이 최선이다.

내부적으로 역량이 부족할 때에는 트위터 마케팅 전문가들의 컨설팅을 받아 운영하는 것도 초기의 시행착오를 최소한도로 줄일 수 있는 좋은 방법이다. 이때 주의할 것은 내부적인 준비 없이 외부 대행사에게만 전적으로 트위터 마케팅을 맡기는 것은 삼가야 한다.

──── 트위터 비즈니스 전담팀을 어떻게 구성할 것인가

대기업의 경우 트위터 비즈니스 전담팀을 구성하는 것이 트위터 마케팅을 위한 첫 번째 준비 작업이다.

우선 기업을 대표할 만한 트위터 비즈니스 전담팀 책임자를 선정해야 한다. 트위터를 일상적으로 접하고 트위터에 대해 충분히 이해하고 있어야 한다. 또한 트위터 비즈니스 전담팀 책임자는 전담팀 업무 중에 발생하는 각종 문제들을 즉각 경영진에 보고하고 이를 해결하기 위해 신속

한 결정을 내릴 수 있어야 한다. 또한 실시간으로 고객들과의 대화가 필요한 업무이기 때문에 영업 현장에서 고객들을 응대했던 경험과 기술도 필요하다.

기업 홈페이지나 블로그 등의 콘텐츠를 관리하는 직원도 참여해야 한다. 단, 홈페이지나 블로그 등의 콘텐츠를 그대로 트위터에 올리는 것이 아니라 트위터 환경에 적합한 형태로 재구성해야 한다. 또한 트위터를 통해 수집되는 고객들의 다양한 의견들이 기업의 다양한 현 업무에 반영될 수 있도록 마케팅과 기획 관련 담당 직원도 참여해야 한다.

기업 트위터 운영자들은 무엇보다도 트위터를 좋아하는 사람이어야 한다. 사교적이고 상황 판단이 빠르며 사람들을 상대로 하는 커뮤니케이션 능력도 좋아야 한다. 매사에 섬세하면서도 스마트폰과 같은 IT 기기들을 잘 활용하는 여성 직원들 중, 고객들을 직접 상대했던 경험이 많은 직원을 추천한다.

트위터 내에서의 커뮤니케이션을 전담할 팀과 팀원들에게는 폭넓은 권한과 기업 차원의 지원이 뒤따라야 한다. 물론 팀원 개개인이 책임감을 가지고 트위터 관련 업무에 임해야 한다는 것은 더 말할 것도 없다. 그리고 팀원 간의 정기적인 미팅을 통해 누가 어떤 업무를 담당한다고 해도 일관된 목소리를 낼 수 있도록 트윗 발신의 통일성도 유지해야 한다. 기업은 다양한 고객들과의 커뮤니케이션을 위해 전담팀 팀원들이 전문화될 수 있도록 지속적인 교육과 고객 대응 안내서를 마련해야 한다.

참고로 운영 시간에 대해서는 일반적으로 정상적인 업무 시간 외에 별도의 업무 시간이 더 요구된다. 실제로 일부 기업에서는 '당직제'를 운영하면서 365일 24시간 동안 트위터 비즈니스 업무를 진행시키고 있다.

──── 기업 트위터 계정 운영 시 주의할 점

기업 트위터 계정을 운영할 때 중요한 것들 중 하나는 해당 업무의 담당자들이 자신의 감정을 통제하고 조절하는 데 능숙해야 한다는 것이다. 고객들과의 커뮤니케이션 상황에서 감정적인 마찰이 자주 발생하게 되는데, 이럴 경우 즉흥적으로 대응하기보다는 미리 가이드라인을 만들어 놓고 그것에 따라 대응하여야 한다. 아래의 내용은 그 예이다.

- 누군가 자사에 대한 반대 의견을 내놓았을 때 개의치 말아야 한다. 오히려 감사하는 마음으로 대화에 임해야 한다. 불쾌한 자세에서는 바른 대화가 이루어지지 않기 때문이다.
- 고객들의 어떠한 의견에도 관대해져야 한다.
- 항상 인내를 가지고 대화에 임해야 한다.

트위터를 비즈니스에 활용 시 유의할 점

——— 다른 미디어들과의 연동이 필요하다

흔히 트위터 비즈니스나 마케팅을 준비할 때 트위터를 단독으로 떼어놓고 준비하는 기업이 많다. 그러나 이는 잘못된 행동이다. 트위터 비즈니스와 마케팅의 성공을 위해서는 기업이 가지고 있는 모든 미디어들과 연동해서 '시너지 효과'를 높여야 한다. 즉 기존의 미디어와 트위터가 상호 대체재 관계가 아니라 '상호 보완재 역할'을 한다고 인식해야 한다.

기업의 홈페이지나 쇼핑몰, 제휴 미디어, 트위터 등이 다 함께 미디어로서의 역할을 분담해야 한다.* 기업은 미디어가 갖는 각각의 특성을 잘 살려서 그것들을 유연하게 활용하여야 한다. 트위터의 역할은 앞서 언급

* 일본에서는 '트리플 미디어 전략(Triple Media Strategy)'으로 칭하면서 새로운 통합 미디어 전략으로 각광받고 있다.

한 것처럼 실시간성을 활용하는 미디어로서의 역할을 해야 한다.

──── '홍보 수단'으로서만 사용해서는 안 된다

많은 기업들이 단순한 홍보PR의 목적으로만 트위터 도입을 검토하고 있다. 기존의 판매 담당자들은 새로운 미디어가 등장하면 그것을 단순히 홍보나 광고 수단 정도로만 생각하는 경향이 있다. 하지만 트위터를 단순하게 홍보 목적으로만 도입한다면 실패할 확률이 높다. 앞서 지적했듯이 트위터는 '듣고 반응하는 곳'이다.

트위터를 통해 기업은 고객들과의 커뮤니케이션을 시도해야 하며 이런 커뮤니케이션을 통해 기업은 고객들과 신뢰 관계를 구축할 수 있다. 고객들과의 커뮤니케이션 경로와 신뢰 관계 구축을 통해 홍보 효과는 부차적으로 얻을 수 있다.

트위터가 등장하자 기업들은 스마트폰을 통한 모바일 인터넷 시대의 '새로운 입'이 생겼다고 생각했다. 하지만 트위터는 모바일 인터넷 시대의 새로운 입이 아니라 '새로운 귀'라는 것을 인식해야 한다.*

스마트폰을 단순히 말하는 기능으로서의 입으로만 활용할 생각이라면 전통적인 매스 미디어 광고나 기존의 인터넷 광고가 더 효과적이다. 트위터는 과거의 매스 미디어나 인터넷을 통해서 접할 수 없었던 고객들

---

* 신세계 그룹의 정용진 부회장은 필자의 트윗을 리트윗하면서 "붕어 입에 토끼 귀"라는 문구를 덧붙였다. 이는 필자가 언급했듯 다양한 사람들의 다양한 목소리를 들려주는 창구로서의, 우리들의 '새로운 귀'로서의 트위터를 강조한 것이라 볼 수 있다.

의 목소리를 실시간으로 접할 수 있게 도와준다.

──── 고객과 친구가 되어야 한다

트위터 사용자들이 트위터를 이용하는 기본적인 욕구는 트위터를 통해 누군가와 관계를 맺고 그와 친구가 되는 것이다. 사용자들은 개인적이고 친숙한 공간에 기업이 들어오는 것을 환영하지는 않는다. 왜냐하면 사용자들은 기업이 자신들에게 무엇인가를 판매할 목적으로 트위터를 이용한다고 생각하기 때문이다.

기업은 트위터를 판매 채널로 이용하기보다는 고객들과의 커뮤니케이션 채널로 이용해야 하고, 이를 통해 기업은 고객들에게 다정한 친구가 되어야 한다. 기업이 고객들과 진정성이 묻어나는 대화를 나누고 그들을 진심으로 배려한다는 마음가짐으로 트위터를 활용한다면 기업과 고객은 서로 친구가 될 수 있다. 이를 위해 기업은 스스로 몸을 낮추고 고객들의 눈높이에 맞추려는 노력을 항상 유지해야 한다.

──── 변화하지 않으면 생존도 어렵다

기업은 트위터를 통해 그간 접해 보지 못했던 많은 고객들의 목소리를 청취하게 될 것이다. 트위터를 통해 얻게 되는 고객들의 의견을 담당자들만 듣고 끝내는 것이 아니라 이를 필요한 부서에 빠르게 전달해야 한다. 또한 고객들의 의견들을 적극적으로 현 업무에 반영할 수 있도록 조직을 유연하게 개편하고 의사 결정 프로세스도 조정할 필요가 있다.

기업이 트위터를 단순하게 이용하거나 고객들의 목소리를 듣기만 할 뿐 그에 따른 아무런 변화가 없다면 '스스로 변화하지 못하는 기업'이라는 안 좋은 이미지를 고객들에게 심어줄 수 있다. 따라서 고객들의 목소리를 경영 방식, 신제품 생산 과정, 마케팅 전략 등에 반영하는, '스스로 변화하는 기업'이 되어야 한다.

트위터 운영 시 반드시 고민해야 하는 부분은 트위터에서 트윗을 하는 시간대와 트위터에서 어떤 질문을 할 것인가를 결정하는 것이다. 이 두 가지 모두 고객들의 반응에 큰 영향을 준다.

기업 트위터가 트윗하는 시간대는 역시 사용자들이 많이 활동하는 시간대로 결정해야 한다. 그래야만 기업이 트윗을 올렸을 때 고객들의 반응을 쉽게 얻어 낼 수 있다. 하지만 이 시간대에는 경쟁 업체들의 트윗도 같이 올라오기 때문에 차별화된 트윗을 준비하거나 고객들의 반응 시간을 잘 찾아 그 시간에 트윗해야 한다.

기업은 트위터에서 고객들에게 할 질문을 고객들과의 꾸준한 커뮤니케이션 속에서 찾아야 한다. 고객들이 어떤 종류의 질문에 잘 반응하는지 트위터를 통해 모니터링하고 그에 맞는 질문을 고객들에게 트윗으로 전달해야 한다.

PART3

트위터 비즈니스 활용의 성공과 실패

트위터 비즈니스 활용의 성공 사례

미국과 일본의 대표적인 기업 트위터 계정들을 살펴보면서 해당 기업들이 트위터를 비즈니스에 어떻게 활용하고 있는지 구체적으로 분석해 보자.

──── 소프트뱅크의 손정의 사장

트위터의 폭발적인 보급에 힘입어 트위터를 통해 고객들과 소통하는 기업 CEO들이 늘어나고 있다. 이러한 CEO 트위터의 모범적인 사례 중 하나로 소프트뱅크 '손정의' 사장의 트위터 사용을 들 수 있다.

손정의 사장은 2009년 12월 24일에 처음 트위터를 시작했으며 @masason, 그의 팔로워 수는 이미 62만 명을 넘어섰다 자신의 기업 경영 철학과 기업 비전 등을 트위터를 통해 전하고 있다. 그가 트위터에 입성하자 소프

손정의 사장 트위터 계정

트뱅크와 아이폰에 대한 고객들의 의견이 그에게 집중되었다. 한 시간 동안 수백 건에 달하는 응답을 일일이 할 정도로 그는 트위터에서 일어나는 고객들과의 커뮤니케이션을 중요하게 생각하고 있다.

손정의 사장이 트위터를 통해 고객들과 직접 대화를 나눈다는 사실은 많은 사람들에게 주목을 받았다. 트위터를 통한 고객들과의 커뮤니케이션은 그에게서만 그치는 것이 아니다. 그는 고객들의 불만사항이나 요구사항이 적힌 트윗을 리트윗하여 담당자에게 전달한다. 그리고 그 담당자에게 고객들이 제기한 사항들을 해결하도록 지시한다.

또한 그는 약 2만여 명의 소프트뱅크 직원들에게 트위터 사용을 지시했다. 그는 자신이 직접 트위터를 통해 업무 지시를 내릴 뿐만 아니라 고객들의 불만사항이나 요구사항들을 트위터를 통해 전달하고 있다. 손정의 사장은 스피드 경영의 도구로서 트위터를 활용하고 있는 것이다.

그는 트위터에서 자신이 한 약속에 대해 그 진행 상황을 확인할 수 있는 홈페이지 http://do.softbank.jp/를 만들고 "하겠습니다, 검토하겠습니다, 완료했습니다" 등으로 분류하여 보여 주고 있다. 따라서 고객들은 누구나 손쉽게 그가 약속을 지키고 있는지 확인할 수 있다. 또한 그는 소프트뱅크 직원들에게 트위터와 그룹의 인트라넷을 이용하여 직원 상호 간에 정보를 공유하고 적극적으로 의견을 교환하라고 지시하고 있다.

처음 트위터를 시작한 이후 그는 주기적으로 "30년 뒤의 일본의 교육은 어떻게 바뀔까요?, 30년 뒤에 일본의 통신 시장은 어떻게 변할까요?, 30년 뒤에 일본의 교통 시장은 어떻게 될까요?" 등 트위터를 통해 30년 후의 일본이 어떻게 될 것인지를 질문했다. 그리고 거의 매번 수천 명의 팔로워들이 그의 질문에 응답했다. 이렇게 모인 일본 트위터 사용자들의 소중한 의견을 바탕으로 소프트뱅크는 그들의 '30년 비전'을 발표하고 이에 대한 선포식까지 갖게 되었다.

대부분의 기업들은 소위 '브레인'이라고 생각되는 자사 직원들의 제안을 바탕으로 기업의 중장기 계획을 만드는 것이 보통이다. 그러나 손정의 사장은 트위터를 통해 얻은 일본 국민들의 소중한 의견들을 바탕으로 회사의 30년 비전을 수립하게 되었고, 이는 고객들을 소프트뱅크의 기획 개발에 직접 참여시키는 결과를 가져왔다.

손정의 사장은 때때로 트위터를 통해 개인사 또는 고객들에게 즐거움을 줄 수 있는 이야기를 자주 나누는 등 자신의 인간적인 모습을 보여 주기도 한다. 또한 소프트뱅크의 통화 품질이나 요금제 등의 문제에 대해 고객들과 진지하게 토론하면서 그 문제점들의 개선을 위해 투자할 것을 고객들에게 약속한다. 이렇게 함으로써 그는 누구나 신뢰할 수 있는 경영인으로서의 손정의를 고객들에게 깊이 각인시키고 있다.

2010년 일본의 『다임DIME』지와의 인터뷰에서 그는 자신이 처음 아이폰을 사용했을 때도 흥분했지만 아이폰으로 트위터에 접속했을 때는 마치 처음 인터넷을 사용했을 때와 같은 큰 감동을 받았다고 이야기했다. 그는 자신이 받았던 감동을 아이폰으로 트위터를 이용해 본 사람들은 공감하는 바이며, 이것 때문에 트위터 사용자들이 폭발적으로 늘어난 것 같다고 이야기하고 있다.

그는 인터뷰 때마다 "나는 내 머리의 좌뇌와 우뇌 외에 트위터라는 외뇌外腦를 보유하게 되었다"고 말하고 있으며, 최근엔 고객들의 지적에 따라 "합뇌合腦"라는 표현을 쓰고 있다. 이처럼 그는 트위터의 실시간성을 이용하여 고객들의 의견이나 아이디어 등을 기업 경영에 반영하고 있다. 그는 고객들과의 커뮤니케이션에서 그치는 것이 아니라 고객들을 직접 자사의 마케팅 전략이나 경영 과정에 참여시키고 있는 것이다.

─── 델아웃렛

델아웃렛Dell Outlet, @DellOutlet의 사례는 트위터를 통한 판촉 사례의 성공 모델로 손꼽히고 있다. 델아웃렛은 2007년 5월 2일에 트위터를 시작했으며 현재 약 157만여 명의 팔로워들을 보유하고 있다. 델아웃렛은 원래 '델 컴퓨터'의 재고품을 판매하는 부서로, 마케팅 비용을 많이 사

| 델아웃렛 트위터 계정 |

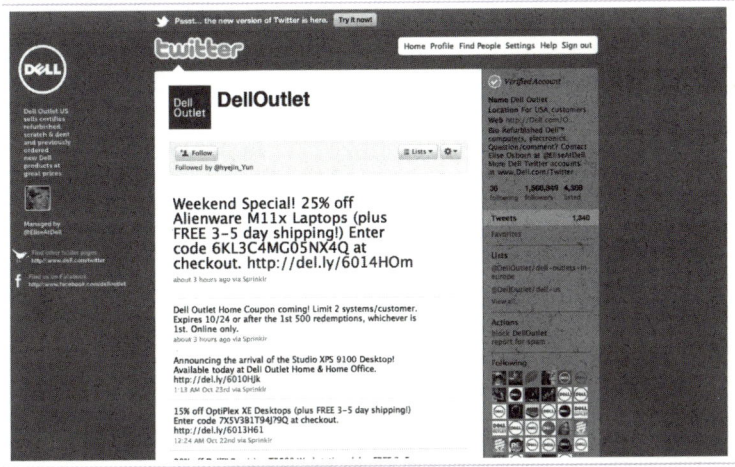

용하지 못하는 부서였기 때문에 실적도 그리 좋은 편이 아니었다.

 델아웃렛은 트위터 계정을 만들고 고객들이 원하는 제품이 어떤 것인지, 고객들이 원하는 할인 판매의 형태가 어떤 것인지, 고객들이 원하는 쿠폰이 어떤 것인지를 모니터링했다. 그리고 그 결과를 바탕으로 트위터에서 판촉 이벤트를 진행하여 델아웃렛 제품 판매로만 650만 불의 매출을 달성하였다. 이러한 성과를 바탕으로 델아웃렛은 본격적으로 트위터 마케팅에 뛰어들게 되었다.

 델아웃렛은 트위터를 이용해 자사에서 판매하고 있는 제품들을 고객들에게 소개한다.* 또한 자사의 캠페인을 안내하거나 트위터 한정 할인 쿠폰을 발행하기도 하고 고객들의 질문이나 불만사항, 요구사항 등에

> * 델아웃렛은 고객들이 자신의 예산과 사용 용도에 대해 트위터로 질문하면 거기에 가장 적합한 견적 정보를 제공하기도 한다.

응답하고 있다.

트위터에서 고객들의 의견을 경청하고 그들과의 커뮤니케이션에 집중한 결과 고객들과의 신뢰 관계를 구축할 수 있었고 이로써 델아웃렛은 마케팅 비용을 사용하지 않고도 650만 불의 매출 성과를 달성했다.

델아웃렛의 사례를 보면서 '트위터를 통해 매출 성과를 올릴 수 있다'라는 아주 단순한 생각에서 벗어나야 한다. 오히려 그들의 달성한 성과가 트위터 등장 초기부터 기업 계정을 만들어 고객들의 목소리를 충분히 경청하고이 시기를 '무언(無言)의 관찰'시기라고 부르기도 함, 이를 통해 얻게 된 고객들의 의견을 바탕으로 마케팅 전략을 진행한 결과라는 것을 명심해야 한다.

델 컴퓨터의 창업자인 마이클 델Michael Saul Dell은 소셜 미디어의 역할에 대해 자주 다음과 같이 이야기하고 있다. "소비자들이 브랜드에 대해 의견을 교환하는 것은 해당 기업이 원하든 원치 않든 낯익은 일상이 되어 가고 있다. 기업은 반드시 그 대화 속에 일원으로 참여해야 한다. 그 대화에 참여하여 고객들의 목소리를 가까이서 듣는 것만으로도 보다 나은 기업을 만들 수 있다."

──── **빌리지 뱅가드**

빌리지 뱅가드Village Vanguard, @vgvd는 2009년 8월 20일에 트위터를 시작해서 현재 6만여 명이 넘는 팔로워들을 보유하고 있다. 일본 전역에 300여 개의 점포를 운영하면서 책, 잡화, CD, 아이디어 제품 등의 다

빌리지 뱅가드 트위터 계정

채로운 제품을 판매하고 있다. 또한 손글씨 'POP 광고Point Of Purchase Advertising, 구매시점 광고를 말한다'를 활용한 판매 방식으로도 유명하며 오프라인 점포뿐만 아니라 온라인 매장도 운영하고 있는 잡화 체인점이다.

빌리지 뱅가드는 2명의 메인 담당자와 3명의 서브 담당자가 트위터를 운영하고 있다. 이들은 날마다 '어떻게 고객들을 즐겁게 할 것인가?'를 고민하면서 고객들이 쉽게 읽고 클릭해 볼 수 있는 광고 문안을 창작해내고 있다.

일반적으로 제품을 판매하는 트위터 계정이기 때문에 제품에 대한 언급들이 우선일 것이라고 생각하기 쉽다. 그러나 빌리지 뱅가드는 트위터를 통해 고객들에게 날마다 즐거움을 선사하는 데 주력하고 있다. 매장의 손 글씨 POP 광고와 광고 문안 등을 트위터를 통해 전달하면서 기업의 브랜드를 고객들에게 지속적으로 인지시키고 있다. 트위터를 통한 빌리지 뱅가드의 마케팅 전략은 고객들을 매장으로 찾아오게끔 유도하고 있다. 이밖에 트위터를 통해서만 구입할 수 있는 전용 제품 개발에도 주력하고 있다.

빌리지 뱅가드의 트위터 활용 방식은 고객들이 항상 즐거움을 주고 있으며, 고객들로 하여금 그들의 트윗을 기다리게 만들고 있다.

──── 후지야카메라

후지야카메라@fujiyacamera는 1937년에 설립된 일본의 대표적인 중고 카메라 전문 매장이다. 2009년 7월 24일 트위터 비즈니스를 시작했으며 현재 8,000명이 넘는 팔로워들을 보유하고 있다.

후지야카메라는 매장 담당자와 구매 담당자뿐만 아니라 인터넷 홈페이지 관리 담당자까지도 제품에 대한 최신 정보와 중고 카메라의 입고

후지야카메라 트위터 계정

소식 등 고객들에게 유용한 정보들을 트위터를 통해 제공하고 있다.

트위터 비즈니스를 실시하면서 후지야카메라는 원칙 하나를 세웠다. 그것은 "트위터를 통해 제품을 판매하려고 달려들지 마라"이다. 고객들에게 제품을 판매하겠다고 달려들면 고객들은 부담을 느끼게 되고 결국 그들을 외면하게 된다는 사실을 잘 알고 있었기 때문이다.

후지야카메라는 고객들의 성향을 파악하고 그들이 무엇을 원하는지 알아내기 위한 수단으로서 트위터를 활용하고 있다. 고객들의 요구를 파악하고 그들이 원하는 제품을 준비함으로써 고객들의 방문을 유도하는 것이다. 이러한 전략 덕분에 후지야카메라의 오프라인 매장은 트위터를 보고 찾아온 고객들로 문전성시를 이루고 있다.

─── **부타구미**

최근 일본에서 출간된 『작은 가게의 트위터 번성론 - 고객과의 유대감을 발생시키는 140자의 힘 小さなお店のツイッター繁盛論―お客様との絆を生む140文字の力』이라는 책에서 음식점의 트위터 마케팅 성공 사례로 각광받고 있는 부타구미豚組는 일본의 동경 롯폰기六本木에 본점을 둔 돼지고기 요리 전문 체인점이다.

부타구미는 기업 트위터 계정인 '@butagumi 2009년 4월 28일에 시작, 현재 7,000여 명이 넘는 팔로워들을 보유'와 CEO 트위터 계정인 '@hitoshi 2007년 3월 28일 시작, 1만여 명이 넘는 팔로워들을 보유' 두 가지 계정을 이용하여 고객들의 목소리에 귀를 기울이고 있다. 그들은 트위터를 새로운 메뉴 개발에 대한

부타구미 트위터 계정

아이디어, 서비스, 그리고 기타 개선할 사항 등의 유용한 정보들을 제공받는 도구로서 활용하고 있다.

특히 부타구미의 사장인 나카무라 히토시中村仁는 직접 트위터를 통해 고객들과 일상적인 대화를 나누며 그들과의 커뮤니케이션을 유지하고 있다. 그는 자신이 직접 운영하는 트위터 계정을 통해 점포를 찾는 고객들을 별도로 관리하는데, 그는 그들이 단골 그 이상인 부타구미의 열성팬이 될 수 있도록 철저하게 관리한다. 그 결과 고객들의 재방문율은 70%를 웃돌고 있으며, 약 40%의 고객들이 트위터를 통해 예약한다고 한다.

부타구미의 기업 계정@butagumi은 점포의 안내나 캠페인 공지, 공식 정보 발신, 일반 예약 접수 등을 담당하는 창구로서 그 기능을 다 하고 있다. 또한 사장인 나카무라 히토시의 트위터 계정@hitoshi은 고객들과 취미나 가십거리, 세상 사는 이야기 등 일상적인 대화를 주고받는 데 사

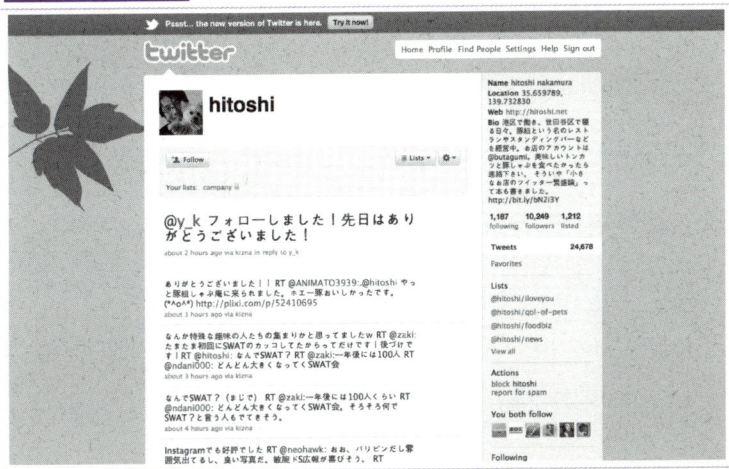

용하거나 고객들에 대한 설문 조사 등에 활용하고 있으며, VIP 예약 접수 서비스에도 활용하고 있다.

나카무라 히토시 사장의 경우 아이폰을 이용하여 수시로 트위터에 접속해 고객들의 트윗을 살펴본다. 또한 아이폰을 이용해 촬영한 사진들과 동영상들을 수시로 트윗하면서 고객들과 지속적인 커뮤니케이션을 유지하고 있다.

이처럼 부타구미는 기업 계정과 CEO의 계정을 적절히 활용하면서 고객들과의 거리감을 줄이고 그들과의 신뢰 관계를 구축해 나가고 있다. 그 결과 점포 매출이 꾸준히 증가하고 있다.

──── 마이니치신문

마이니치신문은 1872년에 창간된 일본의 대표적인 신문사이다. 마이

니치신문@mainichijpedit은 2009년 6월 22일에 트위터 비즈니스를 시작했으며, 현재 약 42만여 명이 넘는 팔로워들을 보유하고 있다. 이 신문사는 '꼬꼬쨩コッコちゃん'이라는 독자적인 캐릭터를 만들어 딱딱하게만 느껴지는 신문사의 고정 이미지를 탈피하고, 고객들이 친근하게 느끼고 다가올 수 있도록 차별화하고 있다.

마이니치신문은 속보, 뉴스의 주요 기사들과 기타 신문 기사들을 연결한 트윗을 꼬꼬쨩의 입을 통해 전달한다. 또한 단순히 뉴스만을 전달하는 것이 아니라 그 뉴스에 대한 꼬꼬쨩의 멘트도 같이 전달함으로써 독자들에게 더욱더 친근하게 다가서고 있다.

마이니치신문의 트위터 운영 목적은 신문사 홈페이지로 고객들의 방문을 유도하고 자기 브랜드의 이미지를 향상시키면서 독자들과의 지속적인 커뮤니케이션을 유지하는 데 있다. 지면에 연재하는 기사를 트위터에서도 연재함으로써 팔로워들의 수를 지속적으로 증가시켜 나가고 있으며 다수의 팔로워가 참여하는 기획 이벤트 등을 실시하여 독자들과 적극적으로 커뮤니케이션하고 있다.

경쟁 신문사인 아사히신문은 37만여 명의 팔로워들을 보유하고 있으며 뉴스에 대한 공식적인 멘트만을 트윗하고 있어 상대적으로 독자와의 커뮤니케이션에서는 마이니치신문에 뒤처지고 있다.

신문사 트위터 계정의 경우 뉴스 자체가 일방적인 고지처럼 올라오지만 정보로서의 가치를 지니고 있기 때문에 다른 기업들이나 개인들이 올리는 트윗들에 비해 팔로워들의 거부감이 상대적으로 덜하다. 때문에 일본의 신문사들은 이를 이용해 팔로워들의 수를 계속 늘리고 있다.

더스킨

스즈키 세이치鈴木清一가 창업한 더스킨Duskin, @DUSKIN_OSOUJI은 청소 대행 서비스를 제공하고 청소 관련 용품들을 판매하는 일본의 청소 전문 프랜차이즈 업체이다.

더스킨은 1981년부터 지금까지 '더스킨 연말 대청소 상담실'을 계속 운영하면서 매년 연말에 대청소 철에 맞춰 청소 전문가들이 대청소 방법을 알려 주는 캠페인을 계속해 오고 있다.

2009년에 더스킨은 그간의 전화 상담 서비스와 함께 트위터에 연말 대청소 상담 계정을 신설해 운영하기 시작했다. 이 계정은 12월 17일부터 28일까지 한시적으로 운영되었는데, 운영 첫날에 전화와 트위터를 통한

더스킨 트위터 계정

 상담 건수가 480여 건에 달했다. 이는 과거 5년간 전화 상담 서비스 첫날의 평균 상담 건수인 109건의 4배가 넘는 수치였다. 더스킨이 달성한 이 기록은 일본 내에서 큰 반향을 불러 일으켰다.

 더스킨은 공개 'Q&A 방식'을 통해 청소에 대한 고객들의 궁금증을 해결해 주었다. 이 과정에서 자사 제품에 대한 홍보는 가급적 피했고 이러한 더스킨의 전략은 고객들의 더 큰 신뢰를 이끌어 냈다.

 캠페인 기간 동안 5명의 담당자들이 항상 2명씩 교대로 고객들의 질문에 응답하였다. 고객들의 질문에 대한 응답을 안내서로 만들어 고객들이 다른 고객들의 질문과 더스킨의 대답을 검색하여 자신의 문제를 해결할 수 있도록 하였다. 그리고 트위터의 트윗으로 설명할 수 없는 부분들은 실제 사진을 이용해 설명함으로써 고객들이 쉽게 이해할 수 있도록 배려하였다.

──── EC스튜디오

EC스튜디오CEO 계정, @ec_yamamoto는 기업의 업무 효율을 향상시키는 다양한 서비스를 제공하고 관련 소프트웨어를 개발하는 회사이다. 2009년 8월 아이폰과 트위터를 전면 도입함으로써 효과적인 사내 커뮤니케이션이 활성화되었고, 이를 통해 직원들의 업무 효율이 상승하면서 일본 내에서 주목받는 기업이 되었다.

2009년 5월 22일 트위터 비즈니스를 시작했으며 현재 6,000여 명이 넘는 팔로워들을 보유하고 있다.

EC스튜디오는 트위터를 통한 사원들의 일상적인 대화 속에서 '기존에 생각하지 못했던 아주 새롭고 가치 있는 것을 얻어 낼 수 있지 않을까?' 하는 기대감 속에서 트위터 비즈니스를 시작하였다. 트위터에서의 일상적인 커뮤니케이션을 통해 직원들 간에 친밀감이 형성되었고 기업의 분

EC스튜디오 야마모토 사장 트위터 계정

위기도 보다 더 활기차게 되었다.

임직원 모두가 수시로 자신의 생각을 트위터에 올리기 때문에 직원들은 사장이나 다른 직원들이 지금 어떤 생각들을 하고 있는지 자연스럽게 알 수 있게 되었고, 사장 또한 직원들의 생각들을 수시로 살펴볼 수 있게 되었다. 트위터를 통해서 직원들의 생각과 행동을 미리 파악할 수 있었기 때문에 회의 진행뿐만 아니라 업무 진행도 원활해졌다.

EC스튜디오의 직원들은 트위터를 통해 자기 신상에 관한 이야기들뿐만 아니라 업무에 대한 이야기와 관련 최신 정보들을 모두 공유하고 있다. 이들은 트위터를 커뮤니케이션 도구로서만이 아니라 정보 공유의 창구로도 활용하고 있다. 이처럼 트위터를 통한 정보의 공유는 EC스튜디오 직원들의 업무 능력 향상이라는 긍정적인 결과를 가져왔다.

기업 내 커뮤니케이션 채널로 트위터를 활용하는 EC스튜디오가 일본 전역에 소개된 이후 많은 트위터 사용자들이 EC스튜디오 직원들을 팔로우하여 새로운 업무를 의뢰하게 되었고, 트위터를 통해 EC스튜디오는 과거보다 더 편하게 고객들과 커뮤니케이션을 할 수 있게 되었다. 기업 내 커뮤니케이션을 활성화하여 기업이 외적 커뮤니케이션으로 확대하고 그 결과 홍보 효과까지 덤으로 얻게 되었다. 여기서 더 나아가 EC스튜디오는 인력 채용까지 트위터로 진행하고 있다.

트위터를 기업의 커뮤니케이션 도구로 활용을 하고자 할 때 보안 문제를 걱정하는 기업들이 많다. EC스튜디오의 경우 보안과 관련된 원칙이 하나 있다.

"기밀사항에 대해서는 트윗하지 마라."

아무리 보안이 잘 되어 있는 솔루션*이라고 하더라도 직원들의 보안 의식에 문제가 있다면 솔루션 자체의 보안은 의미가 없다. 따라서 EC스튜디오는 직원들의 보안 의식 교육을 통해 강화하면서 보안상의 문제점들에 대처하고 있다.

──── 사우스웨스트 항공

사우스웨스트 항공@SouthwestAir은 2007년 7월 3일 트위터 비즈니스를 시작했으며, 2010년 현재 약 100만여 명이 넘는 팔로워들을 보유하고 있다.

2009년 7월 내쉬빌Nashville을 떠나 볼티모어Baltimore로 비행 중이던 사우스웨스트 항공 소속 보잉 737 비행기 천장에서 농구공 크기의 구멍이 발견되었다. 기내에는 일대 혼란이 일어났고 그 와중에도 많은 승객들이 자신들의 휴대폰으로 구멍 난 기체의 사진과 동영상을 찍었다.

천만다행으로 이 비행기는 무사히 비상 착륙을 했고 승객들 또한 안도의 한숨을 내쉬었다. 문제는 여기에서부터 시작되었다. 보잉 737 비행기가 비상 착륙한 이후 트위터와 유튜브를 통해 이 사건이 미국 전역뿐만 아니라 전 세계로 퍼져 나가게 되었다. 이 사건을 두고 사우스웨스트 항공을 비난하는 여론이 트위터 내에서 조성되었다.

* 솔루션(Solution)은 특정 형태의 컴퓨터 소프트웨어 패키지나 응용프로그램과 연계된 문제들을 사용자의 요구에 맞게 처리하는 하드웨어 또는 소프트웨어를 의미한다.

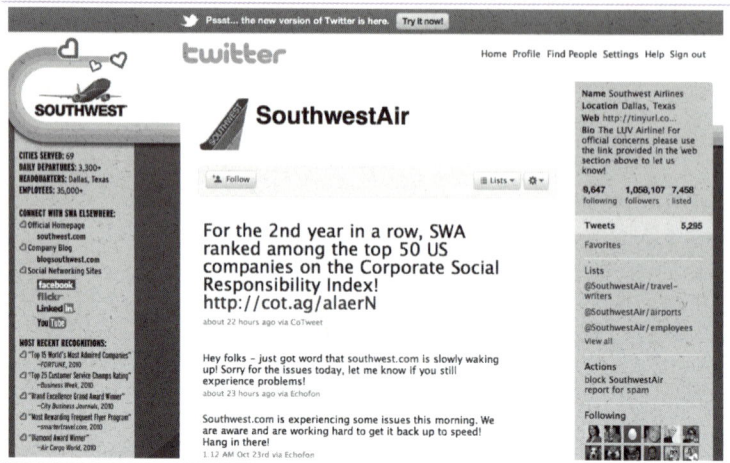

사우스웨스트 항공 트위터 계정

사우스웨스트 항공의 CEO인 게리 켈리Gary Kelly는 일단 예정된 모든 비행기의 운항을 중지시키고 고객들에게 환불 조치를 실시하라고 지시했다. 또한 그는 사우스웨스트 항공 소속의 모든 비행기들의 안전 상태도 다시 조사하라고 지시했다.

이후 미국 전역의 공항에서 사우스웨스트 항공 소속 비행기들의 조사 결과가 속속 보고 되었고 사우스웨스트 항공은 이 결과를 트위터에 공개하였다. 사우스웨스트 항공의 팔로워들뿐만 아니라 트위터 사용자들도 이 모든 과정을 실시간으로 지켜볼 수 있었다.

모든 비행기의 조사가 종료되자 사우스웨스트 항공 CEO인 게리 켈리는 "모든 비행기의 점검 결과 이상이 없으니 저희 비행기를 안심하고 타셔도 됩니다."라는 글을 트위터와 기자 회견을 통해 알리게 된다. 이후 사우스웨스트 항공의 비행기 운항이 정상화되었다.

만약에 사우스웨스트 항공의 공개적인 사후 처리가 없었다면 승객들은 사우스웨스트 항공을 계속 불신했을 것이며, 이후 각종 루머들이 확산되었을 것이다. 사우스웨스트 항공은 사고 이후의 처리 과정을 트위터를 통해 실시간으로 공개하면서 당면한 위기 상황에 대처하였고, 그 결과 단시간 내에 고객들의 신뢰를 다시 회복하게 되었다.

트위터 비즈니스 활용의 실패 사례

──── UCC 커피

일본의 'UCC 커피'는 기업이 트위터를 운영하면서 실패한 사례로 자주 소개되고 있다.

일본의 UCC 커피는 2009년 12월부터 "커피가 주는 멋진 이야기"를 주제로 하는 에세이 응모 캠페인을 진행했다. 이 캠페인의 활성화를 위해 2010년 2월 5일 트위터 내에 여러 개의 기업 트위터 계정을 개설하기도 했다.

2010년 2월 5일 10시부터 '커피' '현상懸賞' '아트' 등의 단어들을 포함한 트윗을 발신한 트위터 사용자들을 대상으로 "커피에 관련된 에세이와 아트를 모집 중! 에세이로 상금 200만 엔! 아트는 상금 100만 엔! 마감 임박!!"이라는 내용의 트윗을 무작위로 발신하였다. 11개의 트위터 계정을

UCC 커피 트위터 계정

통해 자동 프로그램인 '봇BOT'을 이용하여 대량으로 트윗을 발신하자 한 사람이 같은 내용의 트윗을 수차례나 반복해서 받게 되는 심각한 결과가 발생되었다.

이로 말미암아 트위터 사용자들 사이에서 UCC 커피의 캠페인을 비판하는 목소리가 커져 갔고, 급기야 UCC 커피를 비난하는 내용의 해시태그인 '#UCC'가 붙은 트윗들이 타임라인을 점령하게 되었다. 결국 1시간 반 만에 UCC 커피가 진행했던 캠페인이 중단되었고 약 5시간 만에 UCC 커피는 트위터를 통해 이번 캠페인 진행에 대한 사죄문을 발표했다.

스팸 메일 살포 방식과 동일한 무조건적이고 무작위적인 UCC 커피의 마케팅 방법은 트위터 사용자들의 비난을 받는 직접적인 원인이 되었으며 두고두고 트위터 비즈니스의 실패 사례로 남게 되었다.

UCC 커피의 실패 사례는 일방적으로 메시지를 발신하면 고객들이 자사의 캠페인으로 유도될 것이라는 기존 매스 미디어에서의 마케팅 방식을 트위터에 그대로 적용시켰을 경우 고객들에게 큰 반감을 살 수 있다는 것을 보여 주는 좋은 사례이다.

만약 기업과 관련해서 발생한 치명적인 문제가 널리 확산된다면 그 문제에 대해 침묵으로 일관할 것이 아니라 트위터를 통해 기업의 입장을 신속하게 그리고 수시로 알리는 것이 필요하다. 기업이 침묵으로 일관할 경우 해당 문제에 대한 정보의 부족으로 말미암아 발생하는 악의적인 루머들에 대해 적절한 조치를 취할 수도 없고 이것의 확산 또한 막을 수 없다. 기업이 자신의 잘못을 책임지겠다는 의지와 책임을 다하는 진정성을 보였을 때 고객들의 신뢰를 다시 회복할 수 있다.

─── 도미노피자

도미노피자Domino's Pizza는 2010년 7월 2일부터 8월 5일까지 "도미노 해피 트위터 페스티벌"이라는 이벤트를 진행하였다. 이것은 피자 주문 시 트위터의 팔로워 수만큼 치고 2만 원까지 할인해 주는 이벤트였다. 도미노피자는 이벤트를 통해 팔로워 수를 늘리고 그들과의 관계를 유지하면서 트위터 마케팅을 적극적으로 전개해 나갈 계획이었다.

그러나 일부 커뮤니티 사이트를 통해 평소 트위터를 이용하지 않는 사람들도 트위터에 가입해 일명 '묻지마 맞팔'이라는 기형적인 팔로우 방식으로 팔로워 수를 늘려 나갔다. 그들은 그렇게 늘린 팔로워 수를 가지고 이벤트에 참여하여 제공되는 할인 혜택을 받았으며, 그 이후에는 트위터 계정을 삭제하거나 트위터에 더는 접속하지 않았다. 이러한 사람들을 가리켜 '도미노 좀비'라고 불렀다. 도미노피자의 이번 이벤트는 많은 도미노 좀비들만을 양산한 셈이었다.

결국 이벤트는 예정보다 20일 가량 앞서 종료되었고 도미노피자는 "좋은 취지에서 진행했던 이벤트였지만 이를 악용하는 이용자들 때문에 이벤트가 원래의 의도와 다르게 흘러갔고 결국 조기 종료를 결정하게 됐다. 이는 일부 트위터 고객들도 요구한 것이었고, 발전적인 트위터 문화를 정착시키기 위해 내린 조치였다"고 해명했다.

하지만 도미노피자는 그러한 조치에도 불구하고 '트위터의 본질과 특성을 무시한 채, 팔로워 수만 중요시함으로써 트위터를 지나치게 상업적으로만 활용하려 했다'는 비판을 받았다. 도미노피자는 트위터에 대한 사전 분석이 부족했으며 이 때문에 트위터 이벤트에 대한 철저한 사전 기획도 이루어지지 않았다. 도미노피자의 이번 이벤트는 많은 아쉬움을 남긴 채 끝나고 말았다.

트위터 비즈니스 사례를 통해 배울 점

현재 일본에서 트위터 마케팅의 활용 유형은 크게 3가지로 나누어 볼 수 있다. 첫 번째, 트위터를 통해 고객들의 소리에 귀 기울인다. 두 번째, 트위터를 통해 고객들과 대화를 나눈다. 그리고 세 번째, 트위터를 통해 고객들과의 커뮤니티를 형성한다.

첫 번째, 트위터를 통해 고객들의 목소리에 귀를 기울인다면 기업이 생산한 제품과 서비스에 대한 피드백이 가능하고, 고객들의 직접적인 불만사항이나 요구사항 등을 해소해 주는 것이 가능하다. 또한 해당 기업을 긍정적으로 생각하는 고객들과 해당 기업의 전도사Evangelist 역할을 하는 고객들을 파악하는 것이 가능하다.

두 번째, 트위터를 통해 고객들에게 기업이 생산한 제품에 대한 최신 정보를 발신하고 이에 대해 고객들과 대화를 나누거나, 할인 정보와 특별 행사 등의 정보를 트위터로 발신하고 이에 대해 고객들과 대화를 나누어야 한다. 또한 고객들에 대한 지원을 아끼지 말고 고객들에게 예의를 표하면서 대화를 나눈다면 그들과의 신뢰 관계가 형성될 것이다. 그렇게 된다면 다양한 주제를 놓고 고객들과 소통할 수 있게 된다.

세 번째, 고객들과의 커뮤니티를 형성하기 위해 트위터를 활용한 설문조사, 퀴즈 이벤트, 기부 행사, 콘테스트 등을 기획할 수도 있다.

─── 전략 수립과 경청의 시간이 선행되어야 한다

일본의 경우, 기업의 트위터 마케팅을 위해 먼저 경영진이 트위터에 대해 확실히 이해하고 아울러 전 직원들 간의 공감대가 형성되도록 한다. 그리고 기업 차원의 지원 하에 트위터 마케팅 전략과 정책, 가이드라인 등을 수립하는 준비 과정을 거친 후 트위터 사용자들 앞에 나서고 있다.

유행처럼 트위터 계정을 만들어 운영하는 국내 기업들과는 다르게 일본의 기업들은 체계적으로 트위터 비즈니스에 접근하고 있다. 그래서 실제로도 트위터가 성공적인 기업 활동에 있어서 중요한 역할을 하고 있음을 나타내는 사례들이 많다.

실제 미국과 일본의 기업 트위터 성공 사례들을 보면 우선 모든 기업들이 충분한 경청의 시간을 가진다. 고객들이 무엇을 원하고, 무엇을 필요로 하는지 충분히 조사하고 분석한 후 트위터 마케팅을 시작한다. 또한 그들의 트위터 마케팅은 고객들에게 제품 정보나 할인 정보 등의 단순한 정보들을 알리는 것에서 그치지 않는다. 그들은 고객들과의 대화를 통해 신뢰 관계를 형성함으로써 고객들 스스로가 기업의 홍보 대사가 되어 제품과 서비스 등을 다른 트위터 사용자들에게 입소문으로 전파하게끔 만들었다. 이것이 그들의 트위터 비즈니스를 성공으로 이끈 비결이다.

──── 기업 트위터 성패를 좌우하는 담당자의 자질

기업 트위터의 성공 이면에는 트위터 담당자의 자질도 크게 한몫했다. 일반적으로 뛰어난 트위터 관련 담당자의 경우 문장력과 회화력, 기술력 등의 3가지 요소를 필수적으로 갖추고 있었다.

140자로 한정된 글자 수 안에 정보를 담아야 하기 때문에 문장력이 필수적이다. 또한 트위터를 통해 고객들과 대화를 이어 가야 하기 때문에 일정 수준 이상의 회화력도 필요하다. 아울러 트윗에 140자의 문자 외에 다양한 사진이나 동영상, 음악 등을 올리는 것도 가능하기 때문에 이를 잘 활용할 수 있는 기술력도 필요하다.

앞으로 트위터 비즈니스가 활발하게 전개됨에 따라 문장력과 회화력, 기술력을 고루 갖추고 자신의 트위터 계정을 잘 활용하는 사람이 상차 기업이 선호하는 인재상이 될 것이다.

──── 스타일을 확실히 정해야 한다.

미국과 일본의 인기 있는 기업 트위터들을 크게 '교류형 계정'과 '정보형 계정'으로 구분해 볼 수 있다.

교류형 계정은 고객들과의 쌍방향 대화를 통해 기업의 인지도를 향상시키고 확고한 고객층을 확보할 목적으로 트위터를 운영하는 것을 말한다. 기업의 정보를 전달하고 캠페인을 진행해 고객들의 관심을 유도한다. 커뮤니케이션을 즐기는 트위터 사용자들은 그러한 기업을 팔로우하고 그 기업의 제품과 서비스에 대해 관심을 갖게 된다.

정보형 계정은 고객들에게 기업이 생산한 제품들에 대한 할인 정보와 캠페인 정보 등을 알릴 목적으로 트위터를 운영하는 것을 말한다. 제품의 시간 한정 할인 정보나 행사 기간 등을 트위터를 통해 전달하여 고객들의 관심을 유도한다. 시간 한정 할인 정보는 고객들에 의해 적극적으로 리트윗되면서 널리 확산되고 이를 통해 팔로워의 수가 증가하는 부수적인 효과도 거둘 수 있다.

최근에는 트위터 고객만을 대상으로 하는 전용 캠페인도 늘어가고 있다. 기업들은 매일 새로운 정보를 발신하는 것뿐만 아니라 팔로워들의 반응에 대응하고 커뮤니케이션 하는 수단으로 트위터를 이용하고 있다.

일본의 기업 트위터 중에 교류형으로 운영하는 일본의 대표적인 기업 계정들은 다음과 같다.

- 카토키치Katokichi

일본 최대의 냉동식품 제조업체로 고객들과의 교류가 트위터의 주 목적이다. 고객들과의 즐거운 대화와 독자적인 캠페인으로 큰 화제를 몰고 왔다.

• 모스버거 Mos Burger
일본 토종 패스트푸드 제조업체로서 "아리가또 고자이모스 ありがとうございMos"라는 유행어를 탄생시키면서 인기를 끌고 있다.

• NHK 홍보국
방송 정보 등을 트윗하면서 시청자들의 질문에 친숙하게 대답해 인기를 끌고 있다.

• 신에노시마 수족관 新江ノ島水族館
수족관의 소식뿐만 아니라 에노시마 江の島 지역의 정보까지 트위터로 전하고 있어 인기를 끌고 있다.

• 야후 쇼핑
팔로워 개개인에게 메시지를 발신하고 뉴스, 잡담, 질문 등에 세심하게 대응하고 있다. 기간 한정 캠페인을 진행하면서 인기를 끌고 있다.

정보형으로 운영되는 일본의 대표적인 기업 계정들은 다음과 같다.

• 유니클로 Uniqlo
자사의 신제품이나 캠페인 정보 등을 트윗한다. 트윗의 수는 적으나 주목도는 높다.

• 라쿠텐 여행

일본의 대표적인 오픈 마켓의 여행 서비스이다. 추천 여행 정보 등을 트윗하는데, '오렌자オレンジャ'로 불리는 5인이 교대로 트윗을 발신한다.

• 소프트뱅크

일본 이동 통신사로 아이폰과 아이패드 등의 신상품 정보나 캠페인 정보 등을 트윗한다. 우리에게도 잘 알려진 손정의 사장 때문에 더 인기가 좋다

최근 미국의 트위터 마케팅 관련 조사 결과

최근 미국의 에디슨 리서치Edison Reseach사의 조사 결과를 살펴보면 다음과 같다. 미국의 트위터 사용자들이 기업 트위터를 팔로우하는 이유로 '제품과 서비스에 대한 정보를 얻기 위해 팔로우한다'가 42%였고, '제품과 서비스에 대한 의견을 제시하기 위해 트위터를 이용한다'가 41%였다. 그밖에 이유로 제품과 서비스에 대한 요구사항 전달, 각종 할인 정보의 습득, 트위터를 이용해 제품과 서비스를 직접 구입, 그리고 고객 서비스를 이용하기 위해서 등이 있었다.

이처럼 트위터 사용자들은 제품과 서비스에 대한 정보 습득과 기업

트위터와의 교류를 통해 자신들의 의견을 밝히는 데 트위터를 이용하고 있다. 그리고 본 조사에서 트위터와 다른 소셜 미디어를 이용하면서 얼마큼 기업 계정을 팔로우하거나 '친구 맺기'를 하고 있는가에 대한 조사 결과 트위터의 경우 전체 사용자의 약 51%가 1개 이상의 기업 계정을 팔로우하고 있는 것으로 나타났다. 반면 페이스북을 비롯한 기타 소셜 미디어에서는 전체 사용자의 16%만이 기업 계정과 친구 맺기를 하고 있는 것으로 나타났다.

이와 같은 결과를 토대로 기업의 입장에서 살펴본다면 다른 소셜 미디어들보다 트위터에서 고객들과 관계를 맺는 것이 더 쉬우며 비즈니스나 마케팅적으로 접근하는 것 또한 더 용이하다.

──── 트위터를 이용한 기업 내의 협업 가능

트위터의 비즈니스 활용 사례들 중 사내 커뮤니케이션 사례를 보면 트위터를 통해 전 직원들이 쌍방향 커뮤니케이션을 하면서 공동의 문제를 해결할 수 있음을 확인할 수 있다. 또한 필요한 정보와 지식을 공유함으로써 공동의 목표를 달성할 수도 있다.

기업 내에서 전 직원들은 특정 분야의 전문가들과 실시간으로 커뮤니케이션하면서 자신들의 업무 능력을 더 향상시킬 수 있으며, 기업의 목표와 자신들의 목표를 더 쉽게 더 빨리 달성할 수 있다.

트위터 비즈니스의 과제

최근 발표된 일본의 '기업의 트위터 활용 실태 조사' 결과에 따르면 기업 트위터 계정을 운영하는 대기업의 70% 이상이 트위터 마케팅의 효과를 실감하고 있는 것으로 나타났다. 그 활용 방법으로는 '트위터의 스타일을 잘 선택하여 고객들이 호감을 가질 수 있도록 노력한다'가 제일 많았고, '자사의 제품이나 서비스에 대한 고객들의 의견에 적극적으로 수렴한다'가 그 다음이었다.

하지만 '자사 관련 정보를 모니터링한다'는 응답은 14.9%에 지나지 않았고 '고객들의 목소리를 제품과 서비스에 적극 반영한다'거나 '트위터를 통해 설문 조사를 실시하거나 신제품에 대한 고객들의 의견을 모집한다'는 응답은 10% 이하로 나타났다. 이는 기업이 트위터를 홍보와 대화의 수단으로는 사용하고 있지만, 고객들과의 협업을 통한 기획 개발의 도구로는 사용하고 못하고 있다는 것을 보여 준다.

구체적인 효과에 대해서는 '공식 사이트나 홈페이지, 블로그의 방문자 수가 증가했다' '트위터상에서 고객들의 문의 건수가 증가했다'는 응답이 가장 많았다. 그밖에 '신규 고객이 증가했다' '기존 고객들의 재방문이 증가했다' '객단가*가 향상되었다' 등의 매출 향상 효과가 있었다는 응답도 눈에 띄었다. 특히 대기업의 경우는 70% 이상이 매출액과 판매율이 증가했으며 그것의 구체적인 효과를 실감하고 있다고 응답하였다.

기업의 트위터 계정 활용에 대한 과제로는 '효과 측정이 어렵다'라는 응답이 40%가 넘었다. 즉 기업 영업에 직접적으로 어떤 효과를 주는지 그 연관 관계를 밝히기가 힘들다는 것이다. 이 때문에 대기업의 경우 분석 지표를 마련하여 효과를 파악하기 위해 노력하고 있는 것으로 나타났다.

또한 '트위터 운영에 대한 지침을 마련하지 못했다'는 응답이 83.2%나 차지했다. 기업 트위터를 운영하는 대부분의 기업들에게 트위터 운영 지침을 마련하는 것이 시급하다고 할 수 있다. 또 대기업의 경우 '트위터에서 해야 하거나 하지 말아야 할 사항들을 문서화했다'가 41.7%, '비상시 이에 대처할 수 있는 의사 결정 프로세스를 포함한 트위터 운영 지침서를 만들었다'가 36.7%로 나타났다.

기업이 트위터 계정을 운영하기 위해 담당자의 선정과 교육, 필요한 콘

*객단가는 고객 1인당 평균 매출액을 말하는 것으로, 일정 기간의 매출액을 그 기간의 고객 수로 나누어 산출한다.

텐츠의 개발, 지속적인 지원 등에 힘을 쏟는 것은 매우 중요하다. 그러나 또한 트위터 운영에 필요한 가이드라인 설정과 지침서 작성 등도 매우 중요한 것이며 기업이나 개인은 이에 힘을 쏟아야 한다. 이 모든 것이 체계적인 트위터 비즈니스를 실행하기 위한 필수 요소들이기 때문이다.

기업 트위터 운영에 있어서 목적에 맞는 효과 측정 지표를 마련하는 것은 반드시 필요하다. 또한 체계적인 트위터 운영을 위한 가이드라인을 설정하고 트위터 운영 지침서를 작성하여 기업 내 구성원들이 모두 공유하는 것도 트위터 마케팅의 과제이다.

PART4

트위터 마케팅의 올바른 방향

트위터 마케팅을 성공으로 이끄는 요점들

twitter business

——— 트위터 마케팅은 장기전이다

지금까지 필자가 만나 본 많은 사람들이 "트위터를 활용해 돈을 벌 수 있을까요?"라고 묻는 경우가 많았다. 이 질문에 대해 필자는 지금 이렇게 답할 것이다. "네, 돈을 벌 수 있습니다. 하지만 쉬운 일은 아닙니다."

많은 사람들과 기업들이 단기간 내에 트위터에서 비즈니스적 효과를 보려고 한다. 그러나 앞선 예들에서 본 바와 같이 델아웃렛은 2년간 고객들과의 지속적인 커뮤니케이션 관계가 유지되도록 노력했고, 그 결과 650만 불이라는 매출을 달성해냈다. 트위터 비즈니스에서 성공하기 위해서는 그만큼의 노력이 반드시 필요하다.

트위터에서 트윗을 지속적으로 발신하고 팔로워들인 고객들에게 신뢰를 얻는다면 이는 기업의 입장에서 억만금을 주어도 살 수 없는 성공의 큰 밑거름이 될 것이다. 즉 단기간에 직접적인 이익을 얻으려고 하기보다는 고객들과의 커뮤니케이션을 촉진하고, 트위터를 통해 홈페이지로 고객들의 방문을 유도하고 그들이 직접 오프라인 매장을 찾게끔 만들어야 한다.

트위터를 시작하고 당장 눈에 보이는 효과가 없다고 걱정할 필요는 없다. 트위터를 시작하고 당장에 성과를 낸 곳은 어디에도 없기 때문이다. 그리고 단기간 내에 비즈니스적 성과가 생기길 바란다면 트위터 마케팅 외의 다른 마케팅 수단을 고려해야 한다.

──── 양보다 질이다

트위터 비즈니스와 마케팅에서 팔로워들의 양보다 질이 더 중요하다. 팔로워들의 수가 많다고 해서 해당 기업의 트위터 비즈니스와 마케팅이 성공했다고 볼 수 없다. 트위터 비즈니스와 마케팅에 적합하도록 기업이 변하지 않는다면 팔로워들의 수가 수만 명이 된다고 해도, 매일 수백 수천 건의 트윗이 타임라인을 도배한다고 해도 여전히 고객들의 불만은 넘쳐 날 것이고, 기업에 대한 부정적인 이미지만 크게 확산될 것이다.

혹은 팔로워들의 수가 수백 수천 명에 불과하다고 해도 고객들의 불만사항이나 요구사항들을 현장에서 신속하게 충실히 반영하고 기업 스스로 끊임없이 변화하면서 고객들을 만족시키고 그들에게 감동을 선사해야 한다. 그리고 이러한 노력이 선행되었을 때 실질적인 매출 증진 효과가 발생하게 되고 기업의 고객들인 팔로워들이 자기 스스로 기업의 홍보 대사가 될 것이다.

──── 직접 경험해 보라

"트위터가 무엇이고 어떻게 활용해야 하는가?"라는 질문에 답하는 것은 그리 간단한 일이 아니다. 하지만 우리가 트위터를 직접 경험해 본다면 그 답을 내리는 것이 그렇게 어려운 것만은 아님을 알게 될 것이다.

일부 기업들은 트위터에 대한 아무런 사전 준비도 없이 외부 대행사에 트위터 마케팅을 맡기고 있다. 과연 기업과 고객들의 커뮤니케이션을 제삼자가 맡아서 하는 게 가능한 일인지, 만약 그것이 가능하다면 얼마나 효과적일지 의문스럽다.

트위터에 대한 충분한 사전 지식만 갖추고 있다면 트위터를 활용한 비즈니스와 마케팅이 그렇게 어려운 것만은 아니다. 따라서 트위터 비즈니스와 마케팅 전략을 세우는 기업은 트위터를 반드시 직접 경험해 봐야 한다.

──── 정직하고 명확하게 이야기하라

오늘날 우리는 넘쳐 나는 정보들과 다양한 선택들의 홍수 속에 살고 있다. 그래서 어떤 사람들은 아무것도 듣지 않기 위해 귀를 막거나 혹은 선택의 기회를 포기한다. 또 어떤 사람들은 넘쳐 나는 정보에 매몰되어 제대로 된 커뮤니케이션을 하지 못하고 허우적거린다. 오늘날과 같은 시대에는 무엇보다도 명확한 커뮤니케이션이 중요하다.

고객들에게 자신이 전달하고자 하는 바를 구체적이고 명확하게 전달해야 한다. 그리고 전달하고자 하는 바를 효과적으로 전할 수 있는 방법이 무엇인지 항상 고민해야 한다. 고객들에게 메시지를 인식시키려면 단순하면서도 독특하게 시각적으로 말해야 한다.

- 모든 사람이 이야기할 때는 가급적 말하지 마라.
- 가급적 적게 말하라! 한 개의 핵심만이 사람들에게 기억된다.
- 시각적으로 말하라.
- 단어들을 말할 때는 생각하면서 말하라.

고객들에게 정직하게 말하고 분명하게 말하라. 그리고 그것을 행동으로 보여 주는 기업이 되어라. 고객들에게 믿음과 확신을 주는 것이 무엇보다도 중요하다.

─── 인기에 영합하지 마라

트위터에서 기업이나 개인이 흥미 위주의 이벤트에 몰두하고 고객들에게 말초적인 재미만 제공할 경우 경쟁 업체와 차별화된 마케팅을 펼치기 매우 어렵다. 오히려 그동안 쌓아 왔던 자신들의 긍정적인 이미지까지 손상시킬 수 있다.

특히 국내의 기업 트위터의 경우 트위터 계정을 개설하고 나서 하나같이 이벤트나 프로모션에만 몰두한다. 하지만 이러한 이벤트나 프로모션들이 차별화된 것이 아니라 다른 기업들과 대동소이한 경우가 대부분이어서 그것의 효과가 그리 크지 않다. 결국 이익도 없이 오히려 적지 않은 예산만 낭비하고 만다.

남들이 하는 대로 따라가기보다는 기업에 어울리는 독자적인 방식을 선택하여 기업 트위터를 운영하는 것이 최선의 트위터 운영 방식이 될 것이다.

─── 자화자찬하지 마라

일부 기업들이 자사의 제품이나 서비스 등에 대한 장점만을 지나치게 부각시키거나 자사에 대한 자랑만을 늘어놓는 자화자찬식의 트위터 마케팅을 실행하고 있어 문제가 되고 있다. 자신을 지나치게 과시하거나 자랑하는 기업이나 개인에 대해서는 비록 평소 호의적인 감정을 가지고 있더라도 바로 거리를 두거나 관계를 끊는 것이 오늘날 트위터에서의 현실이다. 따라서 항상 겸손한 자세로 트위터를 운영해야 한다.

성공적인 트위터 마케팅을 위한 제언

- 트위터를 어떻게 활용할 것인지 창조적Creative으로 생각하라. 트위터의 활용법에는 정답이 없다. 트위터에 대한 올바른 이해를 바탕으로 자신만의 활용법을 만들어야 한다.

- 트위터의 잠재력에 대해 늘 고민하고 경고에 대해서도 귀를 기울여라. 트위터에서 기업이 듣기 좋은 소리만 골라 들으면 트위터 마케팅에서 성공할 수 없다. 쓴 소리에도 항상 귀를 기울여야 한다.

- 고객들과의 관계 형성을 위해 트위터를 사용하고 가치 있는 피드백을 제공하라. 트위터에서 기업은 항상 고객들에게 공헌해야 한다. 이러한 공헌은 관계 형성과 가치 있는 피드백을 통해 가능하다.

- 트위터를 통해 고객들과 커뮤니케이션하고 다양한 커뮤니티를 형성하라. 고객들과의 단순한 커뮤니케이션의 차원을 뛰어넘어 고객들과 함께 기업에 대해 이야기할 수 있는 커뮤니티를 만들어야 한다. 이러한 커뮤니티는 기업이 주도적으로 이끄는 것이 아니라 따라가야 한다.

- 당신의 비즈니스 프로세스 안에 트위터를 통합시켜라. 트위터를 단순한 마케팅 수단으로 생각하지 말고 기업의 비즈니스 프로세스의 일부로 트위터를 생각해야 한다.

- 영향력 있는 트위터 사용자들의 모임에 참여하고 이벤트를 준비하라. 기업은 자신에게 우호적인 고객들을 찾아서 온라인과 오프라인을 통해 접촉하고 그들과 함께 할 수 있는 다양한 행사를 준비해야 한다.

- 우선은 들어라! 그리고 중요하다고 판단되면 대화에 참여하라. 트위터 마케팅의 시작은 우선 듣는 것이다. 고객들의 소리에 귀 기울이며 그들의 소리를 듣는 것을 즐겨야 한다.

- 투명하고 정확하게 이야기하라. 기업의 트위터 마케팅은 솔직해야 하고 전문가적인 입장에서 정확하게 이야기해야 한다. 부정확한 것에 대해서는 언급하지 말고 틀렸을 경우엔 재빨리 정정해야 한다. 필요하다면 정중하게 사과해야 한다.

- 트위터에 참여하는 직원들에게 동기를 부여해라. 하루 종일 트위터를 통해 고객들과 커뮤니케이션하는 일이 쉬운 일은 아니다. 기업 트위터를 담당하는 직원들에게 트위터의 중요성에 대하여 확

실히 인식시켜야 한다. 아울러 그들의 노고에 따른 적절한 보상도 잊지 말아야 한다.

- 트위터를 바르게 이용하라. 트위터는 기업의 가장 효과적인 마케팅 채널이 될 것이다. 트위터의 본질과 특성을 잘 파악한다면 기업이 그간 경험해 보지 못한 가장 효과적인 마케팅 채널이 될 것이다.
- 트위터를 모니터링하고 측정하라. 트위터 마케팅의 성과에 대해 올바른 지표를 발굴하고 이를 측정하면서 트위터 마케팅을 좀 더 효과적으로 활용하기 위해 방법을 수시로 고민해야 한다. 이때 성과 측정은 평가가 아닌 개선의 수단이 되어야 한다.

- 트위터에서의 대화를 이어갈 수 있는 외부의 지원 사이트를 구축하라. 효과적인 트위터 마케팅을 위해서는 트위터 하나만을 가지고 생각하지 말아야 한다. 트위터에서의 커뮤니케이션을 지원할 수 있는 페이스북 같은 SNS나 기업의 홈페이지를 적극적으로 함께 활용해야 한다.

- 고객들에게 쿠폰을 제공하여 고객들의 돈을 절약시켜라. 트위터를 통해 판촉을 바라는 기업은 고객들 모두에게 직접적인 이익을 안겨 주어야 한다.

- 트위터는 어떤 제품과 서비스에 관심이 있는지 알 수 있는 효과적인 수단이다. 고객들의 소리를 지속적으로 들으면서 고객들이 관심을 갖는 자사의 제품과 서비스를 찾아야 한다.

- 토론하라, 그리고 가볍게 팔아라. 트위터에서 제품을 팔려고 시도하지 말아야 한다. 고객들이 그것을 인식한 순간 그들은 그 기업을 외면한다. 지속적인 커뮤니케이션을 통해 고객들이 자발적으로 기업의 제품을 구입할 수 있게 유도해야 한다.

- 기업 또는 개인 브랜드에 대한 고객들의 인식을 확인할 수 있는 모니터링 수단을 개발하라. 기업 트위터 담당자만의 힘으로 수많은 고객들의 목소리를 전부 모니터링 할 수는 없다. 시스템적으로 고객들의 목소리를 모니터링하고 분류해야 한다.

- 고객들이 참여하기 쉬운 정기적인 트위터 운영 시간을 만들어라. 고객들과의 좀 더 상호 활동적인 대화를 위해 시간을 정해두고 바로 질문하고 바로 대답하는 시간을 만드는 것이 좋다.

- 고객들과의 대화에 즉흥적으로 반응하지 말고 전략적으로 접근하라. 기업 트위터 담당자가 고객들과의 대화에 참여할 때는 즉흥적인 반응보다는 안내서와 가이드라인에 근거해 전략적으로 접근하여야

한다.

- 트위터를 기업과 개인의 차별화된 모습을 보여 주는 공간으로 만들어라. 트위터에서 다른 기업을 벤치마킹하는 것도 좋지만 자신만의 차별화된 모습을 만들고, 고객들에게 기업의 차별화된 모습을 보여 주는 공간으로서 트위터를 활용해야 한다.

- 기업은 트위터 내에서 소통의 생태계를 만들어라. 기업은 트위터에서 고객들이 소통할 수 있는 '생태계Echo System'를 만들어 고객 상호 간의 소통이 원활하게 유지될 수 있도록 해야 한다.

전자상거래의 새로운 패러다임 '소셜 커머스'

─── 소셜 커머스란 무엇인가

트위터의 비즈니스적 활용을 이야기하면서 빼놓을 수 없는 부분이 요즘 화두가 되고 있는 '소셜 커머스Social Commerce'이다.

소셜 커머스는 말 그대로 '소셜 미디어'와 '온라인 미디어Online Media'를 활용한 전자상거래이다. 소셜 커머스는 2005년 야후에 의해 처음 그 개념이 소개되었고 2008년 설립된 그루폰Groupon에 의해 전 세계적으로 '소셜 커머스 붐'이 일어나게 되었다.

오늘날 인터넷 이용 시간 중 트위터와 페이스북 같은 소셜 미디어의 이용 시간이 가장 많은 부분을 차지하고 있다. 따라서 우리에게 친숙한 전자상거래가 소셜 미디어들과 어떻게 결합할지, 그리고 어떤 서비스를 제공할지 전 세계 사람들의 관심이 집중되고 있다. 많은 사람들이 소셜 미디어로 형성된 기업과 고객들 간의 커뮤니케이션이 전자상거래의 미래 역시 변화시킬 것이라고 예상하고 있다.

소셜 커머스의 등장으로 소셜 미디어를 통한 기업과 고객들 간의 커뮤니케이션 과정에서 기업만이 부가가치를 창출했었던 과거와는 달리 기업과 고객들이 함께 부가가치를 창출하고 그것을 공유하는 것이 가능해졌다. 소셜 커머스를 통해 기업은 보다 많은 수익을 창출할 수 있게 되었고 고객들은 좀 더 할인된 가격에 가치 있는 소비 생활을 영위할 수 있게 되었다.

기존의 전자상거래 방식에서는 전자상거래를 운영하는 기업이 고객들의 목소리를 들을 수 있는 기회가 제한적이었다. 하지만 전자상거래가 소셜 미디어와 결합하면서 고객들과 여러 분야에 대한 커뮤니케이션이 가능해졌다. 이러한 커뮤니케이션 방식은 기업과 해당 고객 간의 대화를 뛰어넘어 그 대화에 다른 고객들이 참여할 수 있게 하였고, 기업은 같은 주제로 다양한 고객들과 소통할 수 있게 되었다. 또한 기업과 개별 고객 간의 커뮤니케이션 내용을 다른 수많은 고객들에게 전달할 수 있게 되었다.

전자상거래를 운영하는 기업이 소싱Sourcing, 제품을 발굴한 제품을 판매하던 기존의 방식에서 벗어나서, 기업은 소셜 미디어를 통해 미리 고객들이 필요로 하는 제품에 대해 살펴보고 가격을 결정하고 제품 판매를 시작할 수 있게 되었다.

또한 기업이 많은 마케팅 비용을 들이지 않아도 고객들이 자신이 원하는 제품을 자신의 주변 사람들에 소개하고 공동으로 구매하게끔 유도하게 되었다. 이것이 소셜 커머스의 모습이다.

좀 더 구체적으로 설명하면 다음과 같다. 소셜 커머스를 운영하는 기업은 우선 제품 개발 단계에서 고객들의 요구사항을 분석하여 통찰력과 아이디어를 발굴하고 고객들의 니즈를 확인할 수 있다. 또한 제품 개발 단계에서 제품에 대한 의견을 고객들과 함께 나누고 공개하며 고객들의 생생한 의견에 다시 귀 기울이고, 제품의 판매 형태나 가격 등에 대해 고객들과 함께 정하는 것이 필요하다. 이렇게 함으로써 기업은 자신들이 생산하는 제품과 서비스에 확고한 지지를 보내는 고객층을 확보할 수 있다.

제품을 판매하는 과정에서 제품 개발에 참여한 고객들에게 좀 더 다양한 혜택을 주면서 이들에게 제품에 대한 긍정적인 리뷰를 유도해야 한다. 그리고 그 리뷰를 보면서 고객들이 서로 대화를 나눌 수 있는 자리를 만들어야 하며, 실시간으로 고객들의 반응을 살피면서 고객들 스스로 제품을 널리 알리게 해야 한다.

물론 소셜 커머스는 고객과 함께 제품을 개발하고 판매하는 것으로 끝나는 것은 아니다. 기업은 판매한 제품에 대해 고객들이 의견을 나눌 수 있는 장소를 지속적으로 제공해야 한다. 뿐만 아니라 제품 개선에 대한 아이디어, 고객들의 니즈, 고객들의 불만사항이나 요구사항 등을 해결하면서 얻게 된 교훈을 바탕으로 발전된 제품과 서비스를 고객들에게 제공해야 한다.

──────── 소셜 커머스 '그루폰'의 성공 요인

소셜 커머스의 특징은 고객들에게 대화의 장을 제공하고 실명을 바탕으로 하는 신뢰성 높은 제품의 리뷰 작성 및 열람을 유도한다는 것이다. 한마디로 말해서 소셜 커머스는 '사용자들이 스스로 만들어가는 공동 구매 방식'이라고 볼 수 있다.

소셜 커머스의 형태는 기존의 전자상거래 플랫폼에 소셜 미디어가 결합한 형태와 소셜 미디어의 플랫폼에 전자상거래가 결합한 형태로 크게 구분해 볼 수 있다.

기존의 전자상거래 기업들은 자신의 사이트에 소셜 미디어를 연결시키는 링크를 삽입하거나 전자상거래 사이트 안에 자기들만의 소셜 미디어를 구축하고 있다. 그리고 공동 구매 사이트와 소셜 미디어를 결합하거나 오프라인 점포에 개인용 컴퓨터를 설치하여 고객들이 현장에서 소셜 미디어에 참여할 수 있게 하고 있다.

소셜 커머스의 전 세계적인 대표 주자로 '그루폰'을 들 수 있다. 그루폰은 제품과 쿠폰을 공동 구매 형태로 판매하는 소셜 커머스 업체다. 2008년 창업한 이래 2년 만에 회원 1,300만 명을 모집했고 미국 내 76개 도시로 사업 규모를 확장했다. 현재 영국과 브라질, 독일 등 세계 21개국에 서비스를 제공하고 있으며 3억 5,000만 불의 매출액을 달성하면서 사상 최고 속도로 급성장하고 있다.

그루폰의 성공 요인은 '1일 1쿠폰 판매'라는 단순한 판매 방식과 오프라인 점포의 제품, 그리고 소셜 미디어의 적극적인 활용 등을 들 수 있다. 그리고 그 성공 배경에는 그루폰의 철저한 '고객 만족주의'와 '광고주 만족주의'가 자리 잡고 있다. 그루폰의 광고주들 중 약 97%가 그루폰에 광고를 다시 게재하고 싶어 할 만큼 그루폰의 서비스는 고객과 광고주 모두를 만족시키고 있다.

2010년 8월 10일에는 의류 전문 업체인 '갭GAP'과 함께 미국 전역을 대상으로 쿠폰을 발매하였다. 그루폰은 50달러짜리 쿠폰을 25달러에 판매하여 하루 만에 44만 장을 판매하는 경이적인 매출 실적을 달성하였다. 갭은 이 행사를 통해 44만 명의 고객들을 오프라인 매장으로 찾아오도록 함으로써 엄청난 집객 효과를 보았다.

국내 소셜 커머스의 현황과 전망

국내에서도 '티켓몬스터' '쿠팡' '데일리픽' '위메프' '트윗폰' 등 무려 50여 개가 넘는 업체가 소셜 커머스 시장에 뛰어든 상태로, 앞으로 국내 소셜 커머스 시장에 '춘추 전국 시대'가 펼쳐질 것으로 예상된다. 과연 누가 승자가 될지는 좀 더 지켜봐야 할 것이다.

앞으로의 소셜 커머스는 고객들과 대화의 장을 만들어 나가면서 사회적인 특성을 좀 더 심화시켜 나가야 한다. 또한 고객들과 협력하여 공동으로 부가가치를 창출해야 한다. 뿐만 아니라 고객들을 적극적으로 지원하고 그들과의 신뢰 관계를 형성해 나가야 한다. 그렇게 함으로써 기업과 고객들 모두가 이익을 얻을 수 있을 것이다.

PART5

부록

트위터 비즈니스 활용 팁

● 사이트 소개

★ 코리안트위터스닷컴 – http://koreantweeters.com/

한국 트위터 사용자 포털. 디렉토리, 트윗 뉴스, 사진 공유, 알기 쉬운 트위터 사용법, 인기 태그, 학교, 회사·단체 정보 서비스 등을 제공하고 있다. 2010년 10월 현재 61만 3,654명의 국내 트위터 사용자들의 정보를 보유하고 있다.

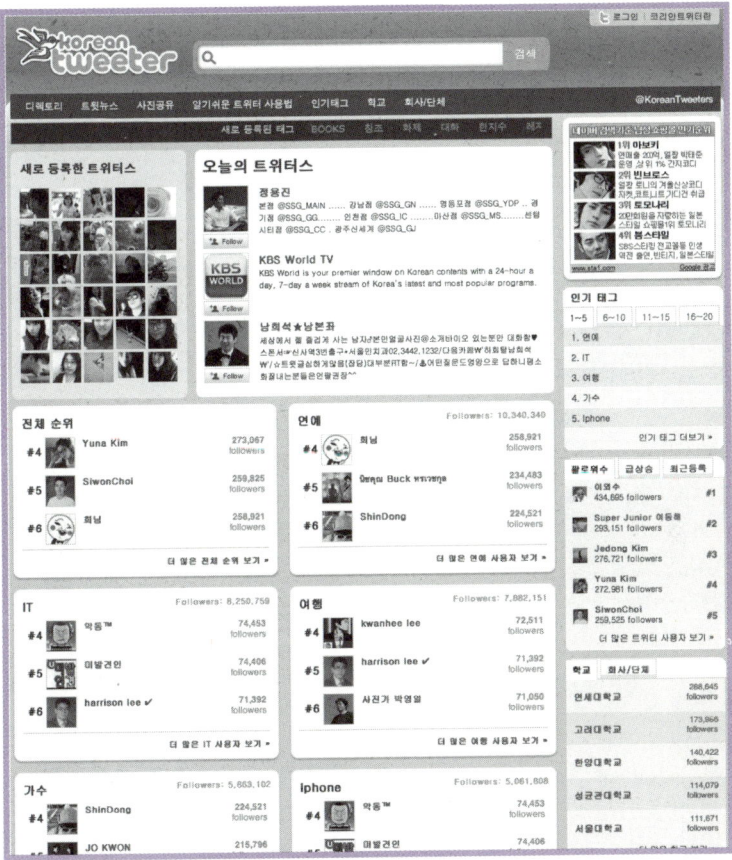

★ 유트윗uTweet – http://utweet.kr/

"유트윗uTweet에 물어보세요!!! 인간미 넘치는 답을 얻을 수 있습니다." 트위터 실시간 검색 서비스로 인기 검색어, 인기 순위멘션+리트윗, 링크 순위, 애플리케이션 순위 등을 제공하고 있다.

★ 트윗토스터Twitoaster – http://twitoaster.com/

트위터 대화 표시 서비스The Twitter Conversation Service. 일일 인기 트윗, 주간 인기 트윗, 인기 해시태그 등을 제공하고 있다.

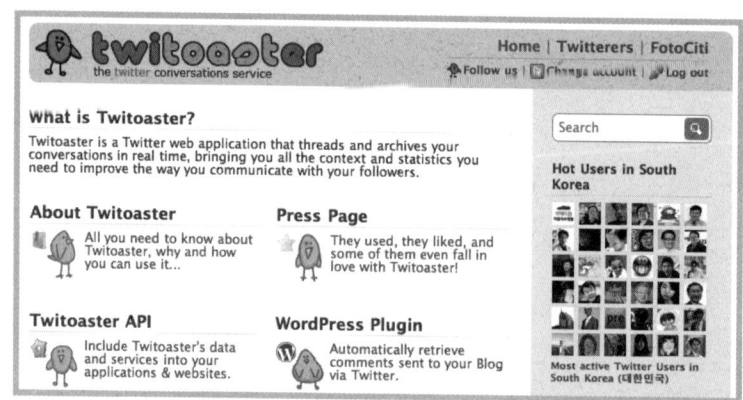

★ 기가트위트Gigatweet - http://gigatweeter.com/

실시간 트윗 수 표시 서비스Counting the number of Tweets. 누적 트윗 수, 시간당 트윗 수, 일자별 트윗 수, 주간 평균 트윗 수 등의 그래프 정보를 제공하고 있다.

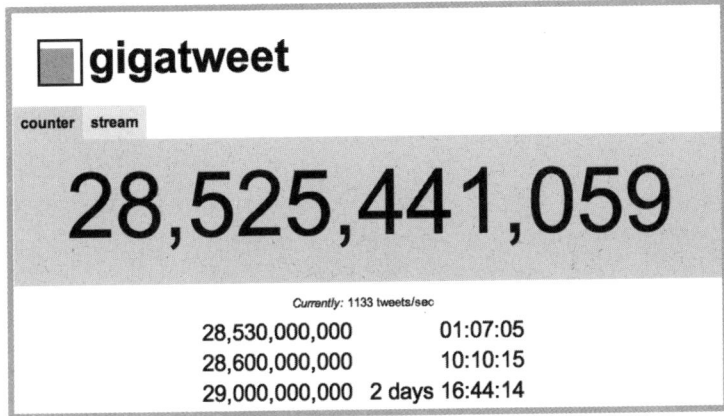

★ 트위터카운터Twittercounter - http://twittercount.com/

개인의 트윗 수, 팔로잉 수, 팔로워 수 등의 추이1주일, 1개월, 3개월와 국가별 트위터 사용자 순위를 제공하고 있다.

★ 트윗맵Tweetmap - http://tweetmap.info/

지역별 트위터 사용자 정보 제공 사이트. 지역별, 키워드별 검색이 가능하며 지역 확대 및 축소가 가능하다. 원하는 지역의 트위터 사용자와 그 사용자의 최근 트윗 정보 등을 제공하고 있다.

★ 트윗레벨Tweetlevel - http://tweetlevel.edelman.com/

트위터 사용자별 영향력 분석 정보 제공 서비스. 트위터 사용자별 지수를 제공하고 있다.

★ 코트윗Cotweet – http://cotweet.com/

기업용 트위터 솔루션. 다수 계정 지원, 클릭 트래킹Tracking, 모니터링, 퍼블리싱 지원 서비스 등을 제공하고 있다. 무료Standard와 유료Enterprise 서비스 제공.

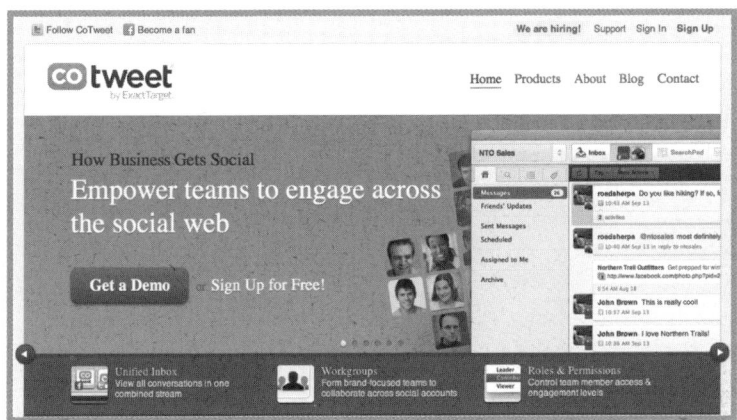

★ 파보터Favotter – http://en.favotter.net/

트위터의 즐겨찾기와 관련된 서비스. 트윗별 즐겨찾기 현황, 개인별 트윗 즐겨찾기 순위 서비스 등을 제공하고 있다.

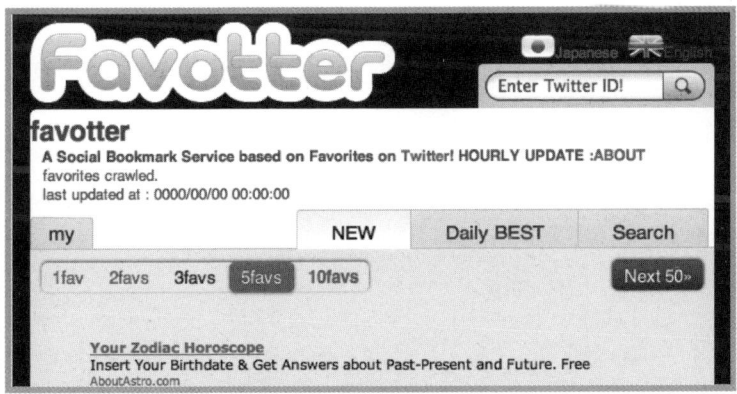

★ 이즈퍼레이드Isparade – http://isparade.net/

트위터 사용자 퍼레이드 서비스. 아이디와 키워드를 입력하면 그 아이디 사용자를 팔로우하고 있는 사용자와 키워드에 대해 언급한 사용자들을 퍼레이드 형태로 표시해 주는 서비스이다. 일본 통신회사 'KDDI' 프로모션.

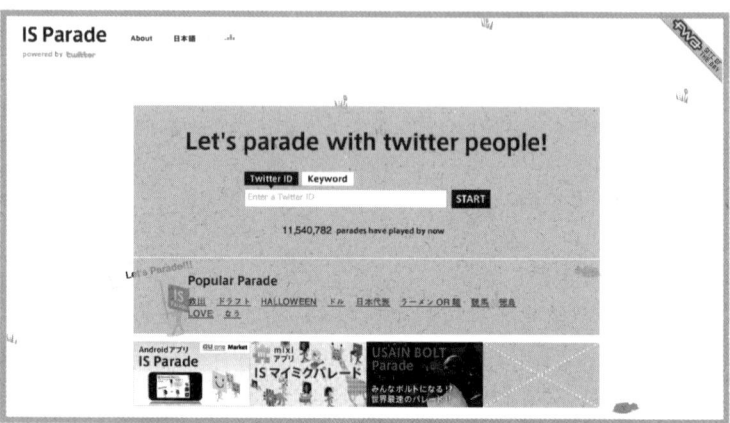

★ 트위터 스테이터스Twitterstatus – http://status.twitter.com/

트위터의 오류 상황을 모니터링 해주는 서비스. 트위터 사용 중 오류 발생 시 트위터 내부의 오류 상황과 복구 일정 등을 제공하고 있다.

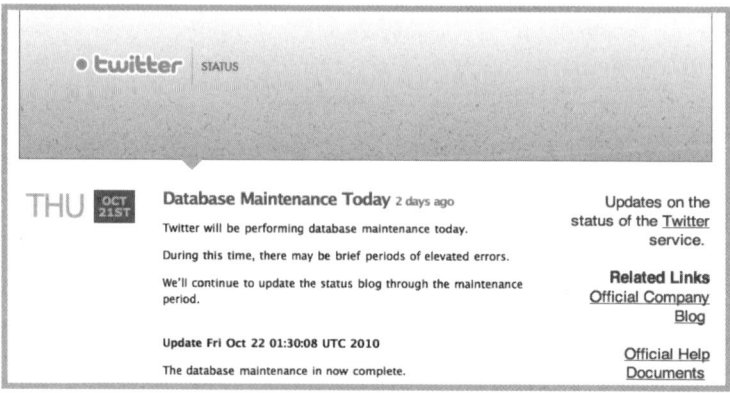

★ 트윗스태츠Tweetstats – http://tweetstats.com/

트위터의 여러 가지 통계 수치를 그래프로 제공하는 서비스이다. 일별 트윗 수, 시간대별 트윗 수, 리플라이, 리트윗 관계 표시 등의 내용을 제공하고 있다.

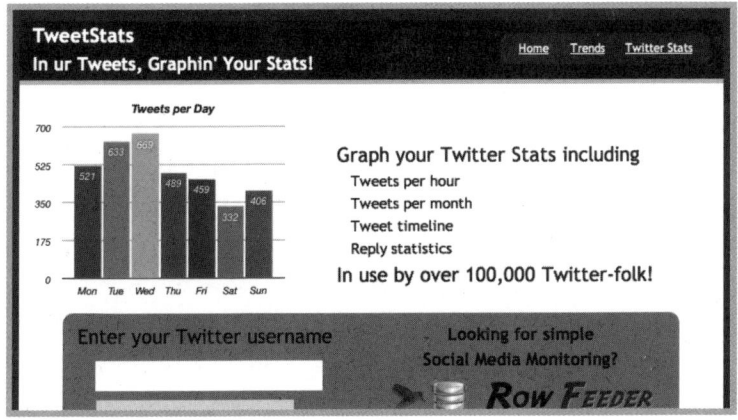

★ 트위터 서치Twittersearch – http://search.twitter.com/

트위터의 검색 서비스. 실시간으로 트위터 내의 실시간 트윗을 검색하고 그 결과를 제공하고 있다.

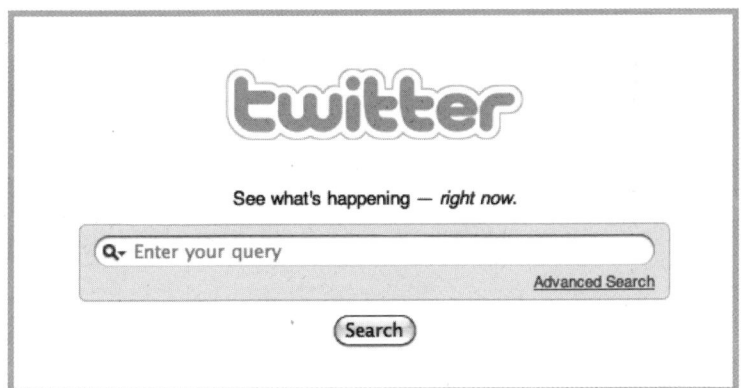

● 애플리케이션 소개

★ 트윗덱Tweetdeck – http://www.tweetdeck.com/

'어도비 에어Adobe AIR' 기반의 트위터 클라이언트 애플리케이션. 리스트 Lists, 검색 결과, 즐겨찾기, 팔로워 목록, 그룹 생성 줄Columns을 생성할 수 있고 페이스북과 트위터를 동시에 업데이트 가능하다.

★ 훗수이트Hootsuite – http://www.hootsuite.com/

트위터, 페이스북, 포스퀘어 등을 지원한다. 비즈니스 멀티 사용자용. 예약 전송 기능, 칼럼 생성, 리스트 관리 기능과 분석 정보 등을 제공하고 있다.

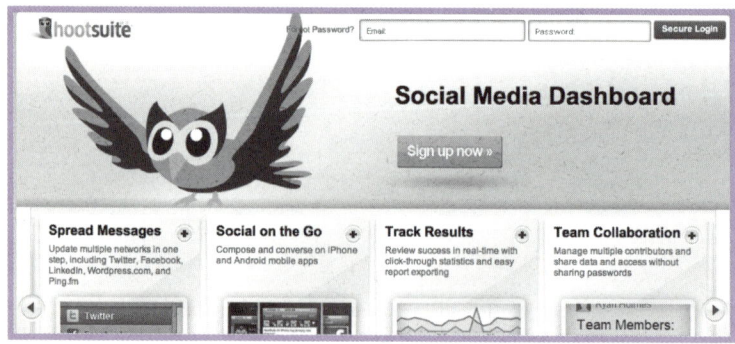

★ **트윗버드**Twitbird, 아이폰용

트윗과 리플라이가 대화형으로 보이는 뛰어난 'UI사용자 인터페이스'를 보유한 트위터 클라이언트 애플리케이션이다. 광고 유무나 멀티 계정 관리 기능에 따라 무료와 프리미엄, 유료 버전 등으로 나뉜다.

★ **오스푸라**Osfoora, 아이폰용

빠른 속도와 심플한 디자인을 자랑하는 트위터 클라이언트 애플리케이션이다. 트윗 로딩 속도가 빠르다. 메인 화면 제공, 원터치 메뉴 등을 제공하고 있다.

★ 훗수이트 Hootsuite, 아이폰용

트위터, 페이스북, 포스퀘어 등을 지원한다. 비즈니스 멀티 사용자에게 적합합니다. 예약전송 기능, 칼럼 생성, 리스트 관리 기능과 분석 정보 등을 제공하고 있다.

★ 트위터 공식 앱 아이폰용

트위터사가 공식 제공하는 트위터 클라이언트 애플리케이션이다. 간단명료하고 직관적인 서비스 제공으로 초보자들도 쉽게 사용할 수 있다. 트위터 사용법과 팁을 영문으로 제공한다.

★ 에코폰 Echofon, 아이폰용

단순하면서도 직관적인 인터페이스를 제공하는 트위터 클라이언트 애플리케이션이다. 다양한 메뉴로 구성되어 있으며 리스트 관리 선택을 손쉽게 할 수 있다.

★ 트위터레이터 Twittelator, 아이폰용

가장 많은 기능을 제공하는 트위터 클라이언트 애플리케이션이다. 타임라인에 링크된 사진 섬네일Thumbnail 표시, 임시 저장 기능, 입력창 유니코드, 그림 문자 입력 등이 가능하다.

★ 모멘토 Momento

트위터의 트윗 백업이 가능한 아이폰용 일기장 프로그램이다. 마치 일기처럼 트윗을 저장하는 게 가능하다. 페이스북, 플리커의 사진도 저장이 가능하다.

참고로 알아야 할 트위터 규칙들

● **트위터에서 스팸 행위로 간주되는 경우**

아래와 같은 행위가 적발되었을 때 그 계정은 정지 조치가 내려진다.

- 단기간에 다수의 사용자들을 상대로 팔로우와 언팔로우하고 반복하는 경우
- 팔로우하고 있는 사람에 비해 팔로워 수가 적은 경우
- 자동으로 링크만 트윗하는 경우
- 다수의 사용자로부터 블록을 당하고 스팸으로 신고된 경우
- 중복된 내용을 여러 계정을 통해 트윗하는 경우
- 중복된 내용을 반복해서 계속 트윗하는 경우
- 내용과 관계없는 해시태그를 삽입하여 트렌드나 인기 토픽에 관계없는 트윗을 반복하는 경우
- 동일한 내용과 일방적인 멘션을 반복적으로 트윗하는 경우
- 출처가 명시되지 않은 다른 사용자의 콘텐츠를 리트윗하는 경우
- 팔로워를 팔려는 시도를 하는 경우

● **팔로우 수의 제한**

① 1일에 1,000명이상 팔로우하는 경우
② 1일에 250통 이상 다이렉트 메시지DM, 쪽지를 보내는 경우

③ 1시간당, 150 API 이상 리퀘스트를 요청한 경우 1시간 경과 후 해제

①~③까지 해당할 때 그 이상 팔로우가 되지 않는다. 단 24시간 경과 후에 회복되어 팔로우 수를 늘릴 수 있다.

④ 팔로우하고 있는 사람이 '2,001'인이 된 경우

이 경우엔 일시적인 것이 아니라 24시간이 경과하여도 회복되지 않는다. 팔로워가 2,000명을 넘어가야 제한이 해제된다.

트위터 기초 가이드

● **트위터는 무엇인가**

무선 인스턴트 메시징Wireless Instant Messaging* 또는 마이크로 블로깅Micro Blogging**서비스이다. 140개의 문자를 통해 친구 또는 팔로워들과 실시간으로 대화할 수 있다.

① 트윗을 보내는 3가지 방법
- 웹브라우저
- 휴대 전화
- 트위터 애플리케이션

② 당신의 트윗이 표시되는 곳
- 당신의 프로필 페이지
- 당신의 팔로워들의 타임라인
- 트위터의 퍼블릭 타임라인Public Timeline

---

* 무선 인스턴트 메시징은 유·무선망을 결합하여 실시간으로 문자 및 메일을 보내는 서비스를 말한다. 문자 메시지 전송이나 이메일 전송과 같은 서비스와 유사하지만 실시간으로 이루어진다는 점에서 차이를 보인다. 휴대 전화와 같은 이동 전화뿐만 아니라 문자를 기반으로 하는 통신도 가능하다. 대화 그룹의 관리, 대화 상대의 온라인 확인 및 초대 기능, 현재 상태 및 실시간 채팅 기능 등 항상 수신이 가능한 기술이 결합된 서비스이다.

** 마이크로 블로깅은 인터넷에 블로그 사용자가 올린 한두 문장 정도 분량의 단편적 정보를 해당 블로그에 관심이 있는 개인 사용자들에게 실시간으로 전달하는 통신 방식이다.

● 트위터의 비즈니스적 효과

- 트위터는 브랜드에 대한 대화의 양을 증폭시킨다.
- 더 많은 연결과 더 많은 대화가 가능하다.
- 트위터에서는 어떤 대화라도 공개적으로 접근할 수 있다.
- 트위터는 브랜드에 대한 강력한 통찰력을 제공한다.

● 왜 트위터를 사용해야 하는가

트위터는 가치 있는 마케팅 도구로서 다음과 같이 사용할 수 있다.

- 당신의 웹 사이트 트래픽 유도
- 당신의 브랜드 인지도를 향상
- 당신의 뉴스 및 콘텐츠 홍보
- 당신의 브랜드에 대한 대화를 모니터링
- 당신의 고객들에게 도움과 피드백 제공
- 새로운 고객 찾기

● 계정 만들기

트위터 회원 가입은 무료이다. 트위터 홈페이지 http://www.twitter.com/ 에 방문하라. 귀하의 프로필을 설정하는 방법에 대한 지침을 따르면 된다.

- 당신의 브랜드명을 사용한다.
- 간단한 자기소개를 추가한다.

- 인식할 수 있는 로고를 추가한다.
- 당신의 웹 사이트의 링크를 포함한다.
- 당신의 웹 사이트 주소와 사용자 지정 '바탕화면'을 만든다.

● 트위터에서 검색해 보기

http://search.twitter.com/에 접속해서 당신의 브랜드키워드에 관해 사람들이 어떤 대화를 하는지 보아라.

● 트윗 발신하기

- 140자를 이용한다.
- 당신의 메시지를 작성한다.
- 업데이트를 클릭한다.

● 리플라이 @

트위터에서 '@+사용자 닉네임'으로 시작되는 것은 모두 리플라이로 간주되어 모두 업데이트 된다. @+사용자네임으로 시작하는 당신의 트윗은 특정 사람에게 발신 지정하는 의미이다.

리플라이 버튼을 클릭하는 것으로도 누군가의 트윗에 회신이 가능하다. 또한 누군가 당신을 팔로우하지 않더라도 당신에게 리플라이 메시지를 보낼 수 있다. 타임라인에서 '@+사용자 네임'을 클릭하면 그 사람의 트윗을 직접 볼 수 있다.

● 리트윗RT, Retweet

리트윗은 누군가에 의해 발신된 트윗을 받아서 당신의 팔로워들에게 반복해서 트윗하는 것이다. 이 작업을 위해 리트윗 아이콘을 클릭한다.

리트윗은 그 트윗의 가치를 나타낸다. 만약 누군가 당신을 한 번 이상 리트윗한다면 그들에게 호의와 감사를 표현해야 한다. 당신이 리트윗된 경우를 보기 위해 당신의 트위터 홈페이지의 리트윗 버튼을 클릭하면 된다.

● 다이렉트 메시지Direct message, 쪽지

트위터에서는 트윗과 리플라이뿐만 아니라 다이렉트 메시지를 보낼 수 있다. 단 당신은 당신을 팔로잉한 사람에게만 비공개 메시지를 보낼 수 있다.

당신이 다이렉트 메시지를 보낼 수 있는 방법은 다음과 같다.

- 프로필 페이지에서 메시지 링크
- 당신의 다이렉트 메시지함의 메시지에 첨부된 회신 아이콘
- 다이렉트 메시지 함 페이지의 드롭 다운된 박스
- 업데이트 박스에 'd+사용자네임+메시지'로 입력한 상태

● 단축 URL

당신은 당신이 공유하려는 URL을 140문자에 맞춰 사용하기 위해 단축할 필요가 있을 것이다. 'bit.ly'와 'tr.im'의 형태로 URL은 단축된다.

URL에 붙여 넣고 단축을 클릭하라. 이러한 도구들은 클릭 횟수를 추적할 수 있다는 장점이 더해진다 bit.ly.

● 해시태그 #

'#태그'는 특정 대화를 하는 사람들의 정보 공유와 '그룹 분류 Grouping'에 도움을 준다. 당신의 트윗 어딘가에 #태그를 추가한다. 그들은 이벤트나 영화, 새로운 기술, 특정 주제 등을 논의하는 데 사용된다. 또한 #태그를 이용한 트윗을 트위터에서 검색할 수 있다

● 팔로워 늘리기

모든 사람들이 볼 수 있게 트위터 디렉터리 예:코리안트위터스닷컴에 당신의 계정을 추가한다. 팔로우하기 위한 새로운 사람들을 찾기 위해 트위터 디렉토리를 사용한다. 팔로우하기 위한 사람들을 웹과 트위터 검색 페이지에서 찾는다. 누군가를 팔로우하면 그들이 당신을 따라 팔로우하기 쉽다. 새로운 팔로워를 얻기 위해 사람들과 교류하여야 한다. 당신의 트위터 페이지를 당신의 웹 사이트, 블로그, 메일링 리스트를 통해 알리는 게 중요하다. 당신의 웹 사이트, 블로그 등에 '팔로우해 주세요 Follow Us' 배지를 추가한다.

● 트위터 에티켓

• 다양한 주제에 대해 트윗하라. 단 자신의 트윗으로 다른 사용자들

의 타임라인을 도배하는 것은 금해야 한다.
- 당신이 무언가가 가치 있다고 생각할 때 트윗한다.
- 자기 홍보에만 트위터를 사용하지 않는다. 트위터에서는 대화가 중요하다.
- 누군가를 비방 또는 비난하는 트윗을 작성하는 것은 삼가라. 그 트윗은 타임라인에서 지울 수 없음을, 그리고 언젠가 당신을 해치는 화살이 되어 돌아올 수 있음을 기억하라.

● **트위터에서 위험을 최소화하는 방법**
- 투명성과 전문성을 바탕으로 트윗을 작성한다.
- 어떤 것에 대해 부정적인 의견을 만드는 것에는 항상 주의하라.
- 사용하고 있는 계정이 업무용 계정인지 개인용 계정인지 항상 점검하라
- 당신이 트윗한 내용은 두 번, 세 번 확인하라.
- 기업용 트위터 계정에서는 항상 전문적으로 임하라.

트위터 비즈니스 가이드 Twitter 101 요약

business.twitter.com/101/best_practices 참고

● **트위터에서 관계 형성하기**
- 당신에 대한 이야기에 귀를 기울여라.
- 답글이나 질문에 메시지를 보내라.
- 질문을 하라.
- 사람들이 흥미로워 할 것의 링크를 보내라.
- 공유하고 싶은 정보는 리트윗하라.
- 친절하고 유쾌한 말투를 이용하라.
- 스팸을 보내지 마라.

● **트위터의 실시간성 이용하기**
- 질문을 던지고 아이디어를 띄우고 답을 받아보라 빠른 답을 받을 수 있다.
- 새로운 제품이나 매장 혹은 이벤트가 시작했다면 관련된 글을 찾아보라.
- 고객들의 불평사항에는 가능한 빨리 응답하라.
- 당신의 회사와 관련된 공개된 문제점에 대한 토론에 참가하라.

● **트위터의 가치 측정하기**
- 측정 도구를 사용하기 전에 참여의 질에 대해 초점을 맞추고 진행

사항을 점검하라.
- 어떤 주제의 토론과 응답에 대한 품질을 분석해 보면 시간에 따른 변화를 알 수 있다.
- 고객들의 질문에 계속 답을 주면 문제가 해결되고 긍정적인 변화가 일어날 것이다.
- 트위터에서 거래를 할 때 특별한 쿠폰이나 별도 페이지를 제공하라.

국내 기업 트위터 100선

기업이 트위터에 공식 계정을 개설하고 이를 활용하고자 할 때, 먼저 다른 회사들이 어떻게 트위터를 활용하고 있는지 점검해 보아야 한다. 국내의 대표적인 주요 100대 기업이 트위터 내에서 어떻게 활동하고 있는지 면밀하게 살펴보자.

2010년 11월 7일, 현재

기업명	계정명 팔로워 트윗수 가입일	Bio(자기소개)
뮤직뱅크	KBSMusicBank 76,238 294 09.07.01	금요일 18:40 KBS 2TV
에듀윌	eduwillnet 53,106 6,267 10.01.21	경청과 소통의 공간. 에듀윌 - 온/오프라인 자격증 및 공무원 교육, 학점은행제 평가 인정 교육, 전문 서적 출판, 이러닝 콘텐츠 제작, 교육장 대관 운영.
KBS World TV	kbsworldtv 49,222 1,344 10.02.03	KBS World is your premier window on Korean contents with a 24-hour a day, 7-day a week stream of Korea's latest and most popular programs.
olleh kt	ollehkt 46,679 43,970 09.07.02	olleh kt 공식 기업 트위터
삼성경제연구소 (SERI)	seri_org 39,036 516 09.06.24	삼성경제연구소에서 만든 다양한 경영/경제/산업 보고서와 동영상을 소개합니다.
with MBC	withMBC 37,798 11,705 10.01.14	MBC 방송 프로그램 홍보 트위터 MBC PR
ohmynews	OhmyNews_Korea 34,686 9,961 09.07.15	internet news site, ohmynews.com

부산일보	busantweet 31,573 10,789 10.04.02	1946년 9월 10일 창간 전국 4대 일간지. 정론 직필의 사명감으로 시대를 담고 독자와 함께하며 온누리에 빛을 밝혀 옴. 2009년 2월 11일 한국 네 번째 지령 2만 호 발간. (이하 생략)
보배드림 자동차 쇼핑몰	bobae_dream 30,754 7,586 10.01.23	한 달 1천만 명 방문하는 국내 1위 자동차 쇼핑몰 보배드림입니다. 유익한 자동차 정보를 제공하기 위해 최선을 다하겠습니다. 고객 소통을 위해 모두 맞팔합니다. www.bobaedream.com
SHOW	show_tweet 29,795 17,533 09.11.17	SHOW 공식 트위터. 스마트폰에 대한 어떤 이야기도 환영합니다.
Samsung USA	Samsungtweets 29,734 7,344 09.04.23	The Official Samsung USA Twitter Account! We're here to share all things Samsung, help you out, and have awesome conversations. Thanks for following!
Samsung Electronics	samsungtomorrow 27,329 1,894 10.01.29	삼성전자 공식 트위터입니다.
불고기브라더스	bulgogibrothers 27,024 4,448 10.01.05	불고기브라더스 ‖ 한식의 세계화를 이끄는 한식 패밀리 레스토랑 체인, 전국 직영 22호점 ‖ 북미, 홍콩, 대만, 마카오 프랜차이즈 라이선스 수출 ‖ 담당 이진우 온라인홍보 실장, 정정경 매니저 ‖ 해시태그 #bbkr ‖
카리부커피	coffeecaribou 25,715 5,640 10.01.12	카리부커피 코리아 CaribouCoffee — 열대 우림 동맹 인증, 친환경, 유기농, 공정무역, 천연 디카페인 원두커피 판매 — 프리미엄 스페셜 티 원두 판매 세계 1위, 매장 규모 세계 2위 커피 체인 ‖ 담당 이진우 온라인홍보 실장, 정연승 팀장 ‖ 해시태그 #cckr ‖
BBQ 치킨	LovelyBBQ 20,130 5,529 10.04.30	100% 엑스트라버진 올리브유로 만든 BBQ 치킨 대한민국 대표 브랜드, 전 세계 50개국 진출 Lovely Tweets, Lovely BBQ 러블리 메신저가 트위터로 전하는 바삭한 스토리!
Korean Air Korea	KoreanAir_Seoul 18,826 9,502 09.11.11	Leading Global carrier the member of Skyteam operates almost 400 passenger flights per day to 117 cities in 39 countries
한겨레	hanitweet 17,500 18,822 09.08.13	세상을 보는 정직한 눈 한겨레의 트위터 서비스입니다. 제보는 이메일 twitter(a)hani.co.kr로 주세요.
SK telecom Co.,Ltd.	Sktelecom_blog 16,735 2,876 09.03.11	SK 텔레콤이 전하는 이야기 – SKTstory SK 텔레콤 공식 기업 트위터 ‖ SK telecom Official Twitter

롯데 백화점 공식 대표 계정	LOTTEstory 14,646 4,840 10.08.04	롯데 백화점 전점 통합 트위터입니다(운영 시간 : 백화점 영업 시간). 문의 사항이나 요청 사항이 있으실 경우 언제든지 활용 바랍니다. 고객님의 의견에 항상 귀 기울이도록 하겠습니다.
앙크미(AK몰)	AKMALL.com 13,829 7,628 09.09.17	애경 그룹 종합 쇼핑몰 - AK몰(http://www.akmall.com)의 공식 트위터입니다. ^_^ 리뷰/체험단이벤트/마케팅/대외 활동공모전/경품/쇼핑/요리/영화/연예/스펙/여행/취업/해외 봉사/멘토링/AK몰
Yes24Now	Yes24Now 13,535 8,093 09.09.17	대한민국 1등 인터넷 서점 예스24 트위터입니다. 책/전자책/음악/공연 등 문화에 관한 모든 이야기 환영합니다. 공식운영 시간 08:30~18:30 종종 야간과 주말에도 함께 만나요~~.
googlekorea	googlekorea 13,181 445 09.08.04	Google Korea's official twitter
한국투자증권 뱅키스	BanKIS_friend 12,633 4,864 10.03.19	한국인의 대표 온라인 투자 파트너! 한국투자증권 뱅키스 트위터입니다.^-^
신한금융투자	Shinhan_twit 11,008 933 10.07.21	신한금융투자 공식 트위터 신한금융투자에 대한 모든 이야기와 유익한 정보를 함께 나눌 수 있는 좋은 금융 트위터 친구가 되기 위해 노력하겠습니다!! (이하 생략)
THE BLOG	LG_TheBLOG 10,958 5,620 09.12.10	LG 전자 블로그(THE BLOG)와 함께하는 트위터
스피드메이트 중고차	SK_speedmatecar 10,862 2,174 10.02.04	고객을 위해 미래를 준비하는 기업!/SK네트웍스 'Speedmate 중고차' 트위터/ 고객을 위한 발전적인 변화/ 업계 최고 중고차 '2년 무상A/S' / 좋은 인연입니다 ^0^
도서 11번가	11stBook 10,829 1,762 10.07.01	대한민국 베스트셀러 / T 멤버십 할인/ E-book/ www.facebook.com/11stBook
미래에셋증권 ebiz	mstock_ebiz 10,133 2,942 10.01.27	미래에셋증권 eBiz팀에서 운영하는 트윗 / 온라인, 모바일 트레이딩시스템 운영 및 개선을 위한 쌍방향 커뮤니티를 지향합니다.
Samsung Campaign	samsungcampaign 9,534 3,586 10.01.20	삼성 캠페인 공식 트위터입니다. 동계 올림픽, 월드컵에 이어 광저우 아시안 게임도 함께 응원하겠습니다!

안드로보이	androidt 9,521 4,219 10.02.04		안녕하세요. ^^ 안드로보이입니다. 깜찍한 저 안드로보이를 모두 사랑해주시고 응원해주세요. 여러분과 함께하고 싶은 안드로보이랍니다. ^^
하나투어	HanatourKorea 9,369 3,098 09.08.13		하나투어 공식 트위터입니다. (^^)
피자헛	enjoypizzahut 8,822 12,600 10.02.25		찰도우라 빵 끝까지 맛있다! 더 스페셜 15,900원
신세계 백화점	SSG_Main 8,856 1,831 10.07.14		신세계 백화점 (본점) 공식 트위터 Official Twitter of Shinsegae Department Store 쇼핑 시간 정상 영업: 오전 10시 30분~오후 8시 연장 영업: 오전 10시 30분~오후 8시 30분
LG U+	LGUplus 8,103 5,081 09.07.28		도로시의 OZ LAB :: LG U+ 운영 기업 블로그
EBS	ebstwit 8,020 884 09.08.04		EBS를 좋아하는 분들 모이세요.
롯데 백화점 이벤트	LOTTEevent 7,475 1,312 10.05.11		롯데 백화점 마케팅팀 공식 트위터입니다. 롯데 백화점의 경품 이벤트, 사은 행사 등 이벤트에 대한 정보와 마케팅 전반에 걸친 의견과 정보를 공유할 예정입니다.
우리투자증권	wooriocto 7,175 2,001 10.03.24		종합자산관리 서비스, 증권업계 최고 신용 등급 AA, 우리투자증권 공식 트위터입니다.
다음 뉴스	daumnet 7,133 29,788 09.06.25		트위터로 다음 뉴스 보기 테스트
IBK 기업은행	SMART_IBK 7,000 7,502 09.12.01		IBK 기업은행의 공식 트위터 1호. 은행 업무 전반, 금융 상담, 고객 소통을 위해 모두 맞팔합니다. (E-biz기획팀 양성수과장)
폭스바겐 코리아	VWKR 6,906 1,865 10.05.31		The Official Twitter of Volkswagen Korea 폭스바겐 코리아 공식 트위터입니다. 많은 Follow 부탁드립니다. :)

chungho nais	chungho_nais 6,457 200 10.08.13	안녕하세요. 청호 나이스의 트위터입니다. 물과 얼음에 관한 이야기로 찾아뵙겠습니다.^^ 청호 나이스와 삼성카드가 함께하는 얼음 정수기 렌털료 할인 이벤트가 진행 중입니다.~ (이하 생략)
Android Pub	androidpub 6,218 1,449 09.06.22	안드로이드펍 커뮤니티 - 트위터 세상의 안드로이드 소식을 전합니다. 안드로이드와 관련된 대화를 하고 싶으면 #안드로이드_ 로 시작하는 글을 써 보세요.
신세계 백화점 영등포점	SSG_YDP 6,181 3,639 10.03.28	신세계 백화점 영등포점 공식 트위터
hello QOOK	QOOK_tweet 5,965 4,846 09.10.14	QOOK 공식 트위터
interparkbooks	interparkbooks 5,958 1,505 10.03.18	대한민국 최저가 인터넷 서점 인터파크 도서 공식 트위터입니다. 책을 사랑하는 여러분께 좀 더 가까이 다가가겠습니다.
KBS 뉴스	kbsnewstweet 5,949 1,107 10.7.9	KBS 뉴스의 공식 트위터입니다. 다양한 SNS의 쌍방향 커뮤니케이션을 통해 여러분께 신속하고 친근하게 다가가겠습니다. 제보도 받고 있으니 많은 제보 부탁드립니다^^
인크루트 On Air	incruit1 5,344 4,484 09.08.19	대한민국 최초의 취업 포털 인크루트가 트위터를 통해서 커뮤니케이션 합니다. 많은 분들이 원하는 일을 하며 행복할 수 있도록 인크루트가 기회를 제공하겠습니다.- 내가 꿈꾸는 세상의 모든 일 '인 크 루 트'
EMARTMALL	Emartmall_com 5,212 11,085 09.12.30	이마트몰 공식 기업 트위터 대한민국 1등. 파워 온라인 스토어 FAST, FUNNY & FRIENDLY 유튜브 http://bit.ly/cb63s8 페이스북 http://j.mp/bvNeRe 플리커 http://j.mp/9VzCxq
Mnet.com	mnet_com 5,210 468 10.04.12	국내 최대 음악 포털 엠넷닷컴 공식 트위터
SBS	SBSNOW 5,121 2,459 10.02.11	SBS 공식 트위터
biscuit (인터파크 eBook)	my_biscuit 5,042 3,060 10.02.09	인터파크 eBook 서비스 biscuit 공식 트위터 / 전자책, ebook, 콘텐츠 시장, IT Gadget 주제

출판사 창비	changbi_books 5,030 649 09.08.14	소통하는 출판사 '창비'입니다. Changbi Publishers, Inc.
신세계 백화점 강남점	SSG_GN 4,838 1,400 10.07.21	신세계 백화점 (강남점) 공식 트위터. Official Twitter of Shinsegae Department Store
KOREA RAILROAD	korail1899 4,734 1,220 09.07.03	코레일(한국철도공사) 공식 기업 트위터
Melon_DJ	MelOn_DJ 4,691 4,762 10.03.02	음악이 필요한 순간
부동산뱅크	neonettwit 4,553 1,173 09.07.23	부동산 국민 브랜드 22년! 부동산뱅크 공식 트위터입니다. 재테크, 생활 속 부동산 정보, 취재 뒷 이야기, 급매물 소식, 알짜 투자이야기, 꼭 알아야 하는 부동산 상식! M.neonet.co.kr
롯데 제이티비	lottejtb_tw 4,346 415 10.08.06	롯데 제이티비 공식 트위터입니다
소리바다	soribada 4,309 6,483 09.05.28	people Music
dongwon tuna	dongwon_tuna 4,148 4,354 10.01.11	태평양을 누비는 참치처럼!! 활기차고 건강한 동원 참치 트위터 입니다. ^^
신세계백화점 (마산점)	SSG_MS 3,955 873 10.07.18	신세계 백화점 (마산점) 공식 트위터. Official Twitter of Shinsegae Department Store 영업 시간 백화점 - 평일: 10:30am~8:00pm -주말: 10:30am~8:30pm 이마트 -평일/주말: 10:30am~10:00pm
광주 신세계 백화점	SSG_GJ 3,848 948 10.06.10	광주 신세계 백화점 공식 트위터. Official Twitter of Shinsegae Department Store, 10:30~20:00(주말 20:30) 패션스트리트(10:00~22:00) 이마트 (10:00~24:00)
교보문고 강남점	KyoBook_GN 3,792 13,269 10.02.08	대한민국 대표서점 교보문고 강남점 트위터입니다. 강남점 소식을 발빠르게 전달해드립니다

이름	계정/팔로잉/팔로워/가입일	설명
신세계 백화점 (인천점)	SSG_IC 3,756 2,473 10.06.12	신세계 백화점 (인천점) 공식 트위터. Official Twitter of Shinsegae Department Store Open. 10:30~20:00(주말 ~20:30) B1 패션스트리트, 식품(~22:00)이마트(~23:00) with 차인남 제시 & 따도녀 셀린
대명리조트	daemyungfamily 3,674 3,340 09.12.22	대명리조트 공식 트위터
HP printer	hpprinter 3,595 2,811 10.01.04	hp 잉크 어드밴티지는 9900원으로 600장까지 출력 가능하다는 사실! 또한 hp정품 잉크는 리필 잉크보다 2배 더 출력한답니다
MBC PR	MBCnest 3,595 2,735 10.03.29	MBC 홍보국 트위터:)
팬택	gotfeverSKY 3,481 4,944 09.12.17	PANTECH의 공식 기업 트위터입니다. SKY의 열정 가득한 이야기를 들려 드리겠습니다. 트위터리안 여러분들의 생생한 목소리를 들려주세요. :D
보리 출판사	boribook 3,473 6,038 09.09.07	다른 출판사와 경쟁하지 말고 출판의 빈고리를 메우자. 수익이 나면 다시 책과 교육에 되돌리자. 보리 출판사의 출판 정신입니다.
신세계 백화점 (경기점)	SSG_GG 3,406 1,054 10.07.18	신세계 백화점 (경기점) 공식 트위터 Official Twitter of Shinsegae Department Store 영업 시간 : 오전 11:30~오후 10:00
산돌커뮤니케이션	Sandollcomm 3,393 4,313 09.07.01	폰트 디자인 전문회사 산돌 커뮤니케이션 기업 트위터/ #한글날_ / We Build Fonts!
매일 유업	freshmaeil 3,227 5,109 09.11.15	매일 유업 공식 트위터
시스코 코리아	CiscoKR 2,958 521 10.04.02	시스코 코리아 공식 트위터 계정입니다. 사람과 사람을 연결하는 휴먼네트워크업체로서 여러분에게 한 발 더 가까이 다가서겠습니다.
엔씨소프트 (ncsoft)	ncsoft_HQ 2,920 2,552 10.01.21	엔씨소프트(Ncsoft) 공식 한글 트위터 + 리니지 + 리니지2 + 아이온 + 보드/캐주얼/웹게임 + 음악 서비스 24hz

뉴스와이어	koreanewswire 2,666 56,323 09.05.13	보도자료 통신사 뉴스와이어는 Korea Press Release Network입니다. 뉴스와이어가 7천여 명의 언론인과 신문 방송 그리고 포털에 배포하는 보도자료를 트위팅 합니다. 아이폰용 어플 다운로드: http://bit.ly/9fRsvi
던킨도너츠	SmartDunkin 2,599 1,028 10.07.21	Dunkin' Donuts Korea Twitter, World No.1 Coffee & Donuts, 던킨도너츠 공식 트위터, 커피&도넛, 베이글, 핫 브래드, 케익
인스탁스	instaxblog 2,390 10,986 10.01.26	우리들의 인스탁스 트위터 세상에 단 하나뿐이에요~! 당신과 나, 우리 소중한 기억~! 인스탁스로 함께 간직해요. ^^
은행나무	ehbook 2,015 2,709 09.08.06	서교동 은행나무 출판사. 아동서는 보물상자. 일본 소설을 중심으로 다양한 책을 만들고 있어요. 더 좋은 정보, 더 감동 깊은 책으로 독자 여러분과 함께 할게요. ^^
KBS 한국방송	MyloveKBS 1,995 250 10.10.01	대한민국 대표 공영방송 KBS의 공식 트위터입니다. 재미있고 유익한 소식을 전하며 활발히 소통하겠습니다.
ELLE atZINE	elleatzine 1,960 1,775 09.09.23	스타일을 오픈하다. ELLE Reality, ELLEatZINE의 공식 트위터입니다. 가장 트렌디한 패션, 뷰티 정보와 풍성한 이벤트 소식을 지금 만나세요!
헬스조선	healthchosun 1,903 336 10.03.31	의료 건강 분야의 파트너 헬스조선 공식 트위터입니다. 더 건강하고 행복한 사회와 가정을 위해 열심히 뛰겠습니다!
푸마 코리아	PumaKorea 1,843 2,726 10.04.19	푸마만이 보여줄 수 있는 스포츠, 라이프스타일 & 패션의 완벽 조화! 한국에서 만나보는 푸마의 톡톡 튀는 신제품 및 특별 이벤트 관련 소식을 전해드립니다. ^^
히타치	hitachitool1 1,830 1,498 10.02.01	HITACHI 히타치 전동 공구 Hitachi Koki 한국에이전트㈜툴윈 공식 트뷔터 DIY 아웃도어 캠핑 요트 디자인 건축 건설 인테리어 산업용 공구 및 엔진 발전기 예초기 엔진 펌프 등 히타치 엔진 공구 (이하 생략)
HP KOREA _ PSG	HP_PAVLO 1,767 1,927 09.10.09	HP Korea PSG Official Twitter
롯데 백화점 롯데온리	LOTTE_only 1,762 253 10.06.28	롯데 백화점에서만 만나실 수 있는 [롯데온리] 공식 트위터

동아일보	dongamedia 1,733 1,232 09.07.28	창간 90주년 동아일보
SBS news	SBS8news 1,674 922 09.11.23	SBS 보도본부 공식 트위터입니다. 시청자 여러분과 함께 하는 뉴스를 만들도록 최선을 다하겠습니다. 기사 등과 관련해 궁금하신 사항은 멘션 주세요. 제보는 이메일 twitter@SBS.CO.KR로 연락 주시기 바랍니다.
한빛미디어	hanbit 1,665 1,283 09.06.05	IT 전문 도서 출판사 및 O'Reilly 한국 파트너로 대표 시리즈에는 뇌자극, 회사통, Blog2Book, Head First, IT CookBook – 책으로 여는 IT 세상! 한빛이 만들어 갑니다.
adidas Originals	Originals_kr 1,658 224 10.03.21	What adidas Originals Love: Style, Pixie, Blue, White, Star wars, Graffiti
MTV KOREA	MTVKorea 1,638 457 10.02.13	Youth Entertainment Channel MTV Korea. 한국 MTV 공식 트위터입니다. MTV 안과 밖에서 일어나는 모든 소소한 소식들. 함께하시고~ 여러분의 의견도 자유로이 남겨주세요.
한컴 한과장	Hancom4u 1,577 1,485 09.07.17	㈜한글과컴퓨터 공식 트위터입니다.(자매품 씽크프리도 있어요~.)
대구은행	DGBdaegubank 1,529 698 10.05.04	대구은행 모바일뱅크 공식 트위터입니다! 트위터를 통해 지역민들에게 좀 더 다가갈 수 있는 모바일뱅크가 되도록 노력하겠습니다. 많은 사랑 부탁드립니다.^^[한수호 대리]
Chosun Opinion	ChosunOpinion 1,336 4,801 09.09.25	조선닷컴 오피니언 섹션의 다양한 생각과 의견을 전달합니다.
JIN AIR	JINAIR_LJ 1,278 896 09.07.20	A Low Cost Carrier In KOR & a subsidiary of Korean Air. Experience reasonable price & SAFETY with us. flying from SEL to CJU, BKK, GUM & CRK.
삼성 올앳카드	allatcard 1,242 1,249 09.08.26	미리 정해놓고 쓰는 계획적인 소비 습관, 사용한 만큼 현금으로 돌려받는 혜택, 승인 번호 숫자 당첨의 쏠쏠한 재미까지 드리는 삼성 올앳카드입니다. 카드 첫 신청 시, 추천인 ID에 twitter를 입력하시면 우수 회원 혜택을 드립니다.
Daum Mobile	daummobile 1,142 107 09.09.28	Daum Mobile

NAIKOREA	naikorea 1,063 339 10.05.20	세계 최대의 미국계 상업용 부동산 컨설팅 회사인 NAIGLOBAL의 한국 지사 NAIKOREA입니다.(Commercial Real Estate Worldwide) 국내 및 해외 빌딩, 상가, 공장, 물류, 호텔, 사무실 등의 임대 매매, 개발, 컨설팅 서비스 제공해 드립니다.
Canon PLEX	Canon_PLEX 1,028 1,141 10.03.16	포토라이프 스타일의 완성! 고객의 즐거움(Pleasure)와 체험(Experience)을 위한 복합 문화 공간 Canon PLEX입니다.
livart	LIVART2010 1,003 400 10.03.17	종합가구회사 리바트 공식 트위터. 가구, 디자인, 인테리어, 친환경 소개, 이벤트
부산은행	Bsbusanbank 892 813 10.01.08	'지역과 함께 더 높은 가치창조를' BS 부산은행
웅진 코웨이	cowaystory 805 378 09.06.10	웅진 코웨이 공식 트위터

· 자료 조사 : **TwitCamp.**

| 마치며 |

    이 책은 트위터를 활용하여 비즈니스를 활성화시키는 데 어떤 방법을 이용해야 하는가 하는 노하우를 설명하고 있습니다. 이 책은 트위터에 관한 기술적 이론서가 아닙니다. 기업이나 개인이 트위터를 비즈니스적으로 활용할 때 꼭 알았으면 하는 부분에 대해 고민해 보고 연구했던 내용을 정리한 책입니다.

    실제 비즈니스 현장에서 트위터를 이용하거나 이용하려고 계획 중에 있는 사용자들에게 트위터의 개념과 특성을 설명하고 기존의 사례들을 소개하며 이를 바탕으로 트위터를 비즈니스적으로 활용할 수 있는 방법을 제시하고자 합니다.

    이를 통해 여러분이 트위터를 비즈니스적으로 활용할 수 있는 전략과 전술을 수립할 수 있도록 도와드리려고 합니다.

이 책에는 정답이 나와 있지 않습니다. 다만 여러분이 트위터를 비즈니스적으로 활용하기 위해 나아가야 할 방향을 제시하는 게 이 책의 역할입니다. 이 책에 담긴 아이디어와 정보들을 바탕으로 직접 시도해 보시고 여러분들만의 정답을 만들어 가시길 바랍니다. 또한 이 책을 통해 트위터라는 새로운 패러다임의 변화를 빨리 인지하고 앞으로의 변화에 대비하였으면 합니다. 아무쪼록 이 책이 트위터 비즈니스 시장에서 성공할 수 있는 비전과 전략, 방법 등을 찾는 데 발판이 될 수 있기를 바랍니다.

인류 역사상 트위터처럼 일순간에 많은 사람이 정보와 지식을 공유할 수 있고, 또 의견을 함께 나눌 수 있는 미디어는 존재하지 않았습니다. 이제 트위터를 통해서 실시간으로 다른 사람들과 정보와 지식 등을 공유하고 의견을 함께 나누면서 우리 사회를 좀 더 발전적인 모습으로 다듬어 나아갔으면 합니다.

트위터에서 항상 좋은 말씀을 해 주시고 격려해 주시는 KBS 이종수 수석님, 박유경 차장님, 김정식 PD님, 대홍기획 박친일 부장님, 법무법인 율촌 이병선 변호사, 이마트 김성영 상무님, 롯데정보통신 방홍수 부장님, 신세계 백화점 김군선 상무님, 다나와 정세희 본부장님, 삼화인쇄 최영열 회장님 그리고 힘들 때마다 항상 함께 해주는 후지TV 배성준 기자, 아시아경제신문 명진규 기자, 유카이트 허주일 사장, 지마켓 유기상 팀장, 고려대 이주헌 박사, 일본 죠치대학 황혜빈님, 이랜드 그룹 최만식 대리, 한국원자력연구원 박범 연구원, 모바일리더 전형준 주임 연구원, 엑세스 윤병천 책임 연구원, 포스코플랜텍 송유정 대리와 트위터에서 항상 제 트윗을 경청해주시는 6만 9,000여 명의 제 팔로워 여러분들께도 이 자리를 빌어서 감사의 말씀 드립니다.

항상 옆에서 저를 도와주는 막내 동생 신홍길, 멀리에서도 항상 격려와 성원의 말을 아끼지 않는 여동생 신경은과 나종욱 부부, 그리고 신홍윤과 서윤경 부부에게도 행복과 건강이 함께하길 바랍니다.

끝으로 제 인생의 최고 조언자이자 후원자이신 아버지와 어머니께 이 책을 바칩니다.

지은이 신호철 드림

찾아보기

- 트위터의 트윗은 왜 140자인가   p.17
- 국내 소셜 네트워크 서비스의 기원   p.26
- 트위터의 역사   p.27
- 전 세계 언어별 트윗 비율   p.32
- 국내 트위터 사용자의 성향   p.38
- 소셜 미디어란 무엇인가   p.40
- 미국 CNBC 선정 트위터 운영 잘하는 기업 Top10   p.45
- 개인 차원에서의 올바른 트위터 활용법   p.62
- 트위터 이용 시 트윗하지 말아야 할 것들   p.63
- 호감도, 신뢰도를 높여주는 트윗   p.68
- 기업용 트위터, 야머   p.70
- 기업의 팔로워 전략   p.72
- 트위터의 비즈니스 활용을 위한 점검 사항   p.74
- 트위터에서의 브랜딩   p.83
- 트위터에서의 영업 활성화   p.84
- 트위터의 통합화   p.91
- 트위터 전담팀 어떻게 구성할 것인가   p.94
- 기업 트위터 담당의 감정 컨트롤   p.96
- 트윗하는 시간대와 질문   p.100
- 일본에서의 트위터 마케팅의 3가지 패턴   p.126
- 일본의 그밖에 사례들   p.129

참고문헌

- Twitterでビジネスを加速する方法 | 樺沢 紫苑(著) | ソーテック社
- あなたのビジネスを10倍加速させる!『実践twitterマーケティング』―ツイッターを売上げにつなげる教科書 | 野口 洋一(著), 廣野 一誠(著), 小林 佑輔(著), ジーニアスファクトリー(監修) | ごま書房新社
- 自分らしく儲かるツイッター | 田渕 隆茂(著) | 扶桑社
- できる100ワザ ツイッター Twitter パーフェクトテクニック(できる100ワザシリーズ) | コグレマサト(著), いしたにまさき(著), 堀正岳(著), できるシリーズ編集部(著) | インプレスジャパン
- ツイッター 会社と仕事はこう変わる(日経BPムック) | 日経ビジネス(著, 編集) | 日経BP社
- ツイッター仕事で役立つ即効ワザ57 | 日経PC21(著, 編集) | 日経BP社
- ツイッターで会社をPRする本 Twitter企業の活用例100 | ひらまつ たかお(著) | 中経出版
- Twitter マーケティング 消費者との絆が深まるつぶやきのルール | 山崎 富美(著), 野崎 耕司(著), 斉藤 徹(著), 川井 拓也(著), 川井 拓也(著) | インプレスジャパン
- ビジネス・ツイッター 世界の企業を変えた140文字の会話メディア | シェル・イスラエル(著), 林信行(解説)(監修), 滑川海彦(翻訳), 前田博明(翻訳) | 日経BP社
- iPhoneとツイッターで会社は儲かる(マイコミ新書) | 山本 敏行(著) | 毎日コミュニケーションズ
- Twitter使いこなし術 パワーユーザー100人の「技」を公開(アスキー新書) | 根岸 智幸(著) | アスキー・メディアワークス
- Twitter社会論 ~新たなリアルタイム・ウェブの潮流(新書y) | 津田 大介(著) | 洋泉社
- Twitter革命(ソフトバンク新書 118) | 神田 敏晶(著) | ソフトバンククリエイティブ
- ツイッター 140文字が世界を変える(マイコミ新書) | コグレ マサト(著), いしたに まさき(著)

| 毎日コミュニケーションズ

- **Twitterの衝撃 140文字がビジネスからメディアまで変える** | 枝 洋樹(著), 林 信行(著), 小林 弘人(著), 津田 大介(著), 武田 徹(著), 高須賀 宣(著), 岡野原 大輔(著), 片瀬 京子(著), 高橋 秀和(著), 亀津 敦(著), 日経BP社 出版局(編集) | 日経BP社
- 「ツイッター」でビジネスが変わる! Twitter Power | ジョエル·コム(著), 小林 啓倫(翻訳) | ディスカヴァー·トゥエンティワン
- 小さなお店のツイッター繁盛論 お客様との絆を生む１４０文字の力 | 中村 仁(著) | 日本実業出版社
- ツイッター軟式革命 | 吉川　漂(著) | グリーンキャット
- iPhoneとツイッターは、なぜ成功したのか? | 林 信行(著) | アスペクト
- なぜツイッターでつぶやくと日本が変わるのか(晋遊舎新書007) | 上杉 隆(著) | 晋遊舎
- 携帯&iPhone ツイッターを使いこなす!(日文新書) | 武井 一巳(著) | 日本文芸社
- 週刊 ダイヤモンド 2010年 1/23号 | ダイヤモンド社; 週刊版
- Net Future | Chuck Martin | McGraw-Hill
- Twitter Power 2.0 | Joel Comm | WILEY
- Twitterville | Shel Israel | PORTFOLIO

트위터 비즈니스

초판 1쇄 인쇄 2010년 12월 15일
초판 1쇄 발행 2010년 12월 20일

지은이 신호철
편 집 신주식
펴낸이 김연홍
펴낸곳 아라크네

출판등록 1999년 10월 12일 제2-2945호
주소 121-865 서울시 마포구 연남동 224-57
전화 02-334-3887 **팩스** 02-334-2068

ISBN 978-89-92449-67-0 13320
※ 잘못된 책은 바꾸어 드립니다.
※ 값은 뒤표지에 있습니다.